多様化に対応した
〈戦略的〉社内ルールのつくり方

新標準の就業規則

New
Standards
for
Work Rules

How to Build Strategic
Internal Policies
that Implement Diversity

下田直人 特定社会保険労務士

日本実業出版社

はじめに

　この本のタイトルにある「新標準」とは何なのか──。

　少しオーバーな表現かもしれませんが、就業規則に対する「あり方」のことです。

　それは、労使間に良好なパートナー関係を構築させることを基軸にするあり方です。

　一見すると、当たり前の基軸に感じたかもしれませんし、「どこが新標準なのか？」と思われた方もいるでしょう。

　しかし、社会保険労務士として、常に就業規則に関わる現場にいる者の実感は違います。

　現状の就業規則は、「企業側の視点から労使トラブルを回避し、企業が不利にならないようにする」という立ち位置で作成されているケースが多いからです。

　「良好なパートナー関係の構築」という基軸が必要になった背景には、時代の変化があります。

　時代は、より成熟した社会にシフトしています。

　新型コロナウイルス感染症でIT化、AI化が進んだことも、ある意味で人類全体をより成熟の方向へ向かわせました。

　より理性的な人が世の中に増えてきています。企業で働く上で優秀といわれる人ほど、理性的になってきています。

　そうした人は、自己管理ができる人たちであり、周りと協働しながら自らの役割を果たしていける人たちです。

　企業は、こうした理性的な人たちが活躍できる場、惹きつけられる風土となっていなくてはなりません。

それには、経営者が従業員を管理するスタイルではなく、よりパートナーシップ的なスタイルになることが大事なのです。

　その意味でも、就業規則の「あり方」を変えるべきでしょう。なぜなら、就業規則も、企業風土をつくる、1つの立派な構成要素だからです。

　従来、就業規則は、判例や法律による視点が優先され、他の視点との交わりがほとんどなく作成されていました。「企業風土の構成要素」という概念はなかったと思います。
　従来、企業風土は、経営理念や行動指針、人事評価、その他インフォーマルなコミュニケーションを織り成して形成されると考えられていました。就業規則が「企業風土の構成要素である」という概念はなかったと思います。
　したがって、就業規則は人の心という視点から捉えることがなく、判例や法律による視点が優先され、他の視点との交わりが、ほとんどなく作成されていました。
　しかし、就業規則も、立派な構成要素の1つなのです。
　判例や法令の遵守は大切ですが、その視点だけが優先される作成スタイルでは、良好なパートナー関係は構築できません。

　さらに、労務管理は、人の「行動マネジメント」から「感情マネジメント」へと変化しています。
　機械化やIT化、業務プロセスの効率化が進み、行動管理の研修等も行われている現代では、個々人の行動で生産性に大きな変化をもたらす割合は少なくなりました。
　一方で、メンタル疾患の増加、職場でのいじめの問題、働く人の価値観や働き方の多様化、仕事が細分化されたことによるチームコミュニケーションの重要性、そこにきて新型コロナウイルス感染症による労働環境の変化で、意思の疎通が図りにくくなっています。
　いまや、行動より「感情」をいかにマネジメントするかのほうが、

大きな経営課題になってきているのです。

　就業規則も、感情のマネジメントの側面から、働く人の感情にどう作用するのかに着目して作成する必要があるでしょう。

　すると、ここでも就業規則に対する「あり方」が大事になり、「良好なパートナー関係の構築」に向き合わざるをえないのです。

　ルールに対する考え方や内容、条文の表現方法、作成・運用のステップを、「良好なパートナー関係の構築」を基軸に考えていく——。

　表面上は従来とさほど変わらない規程に見えても、そこには新しい時代にふさわしい常態が生み出せる「しかけ」が隠されています。

　「会社をよくする」という理念がしっかり通っている「新標準の就業規則」づくりに、今こそ徹底的に向き合ってください。あとは行動あるのみです。

特定社会保険労務士　下田直人

新標準の就業規則
～多様化に対応した〈戦略的〉社内ルールのつくり方～
もくじ

第1章 なぜ、就業規則の つくりなおしが必要なのか?

第2章 就業規則に関する法律上の考え方

第3章 「新標準の就業規則」 作成の5ステップ

就業規則の作成・改定実務上のポイント

第 **4** 章

新しい時代を生き抜くための視点

おわりに

カバーデザイン　　　山之口正和（OKIKATA）

本文デザイン　　　　山之口正和・沢田幸平（OKIKATA）

DTP　　　　　　　一企画

本書をご購入いただいた方に、特典として、本書で紹介している
就業規則の規程文等を、下記の方法でWebからダウンロードして
ご利用いただけます。アドレスバーに下記URLを入力してください。

就業規則の規程文等のダウンロードURL

https://www.njg.co.jp/c/5854rules.zip

アドレスバーに
入力

すべて
半角英数小文字

● 入力はすべて「半角英数小文字」で行ってください。
● ファイルはzip形式にて圧縮を行っております。
　解凍ソフトを別途ご用意の上、ご利用ください。

ダウンロードコンテンツ

就 業 規 則	1年単位の変形労働時間制に関する労使協定
賃 金 規 程	フレックスタイム制に関する労使協定
テレワーク規程	専門業務型裁量労働制に関する労使協定

※本ファイルに起因する不具合に対しては、弊社は責任を負いかねます。
　ご了承ください。
※本ダウンロードサービスに関するお問い合わせは、弊社ホームページの
　「お問い合わせ」フォームからお願いいたします。
　https://www.njg.co.jp/contact/
※本ダウンロードサービスは、予告なく終了する場合がございますので、
　ご承知おきください。

最初にお伝えしたいこと

● 本書は、経営者が自社の就業規則を考えるときに大事な視点を中心に解説しています。

● 規定例は中小企業を念頭に例示していますが、「考え方」については企業規模の大小を問わず参考にすることができます。

● この書籍は、わかりやすさを優先するため、法律の細部や特例、例外などを省略して書いています。

● 会社によっては、本書に記載されている内容が当てはまらない場合もあります。実際に就業規則を作成・変更される場合は、社会保険労務士、弁護士などの専門家、もしくは労働基準監督署などの行政機関に相談されることをお勧めします。

● 本文に関連する法律等の根拠は2021年3月31日現在のものとしています。

第 **1** 章

なぜ、就業規則の
つくりなおしが必要なのか？

企業の利益だけを考えた ルールでは成り立たない

つくる意図が変わってきている就業規則

　少し前まで、就業規則は何のためにつくるのかというと、企業側が「労使関係において有利に働くように」という意図を持って作成していたのではないでしょうか。

　もちろん、すべての企業がそうとはいいませんが、本音の部分では、そのような動機で作成した企業が多くあったのも事実でしょう。

　実際、我々のところに就業規則の作成を依頼する企業の中にも、そうした動機で依頼してくるケースが多数ありました。

　インターネット上の情報で、「問題社員対策に就業規則を」といった文言が踊っていたのも事実です。

　しかし、時代は変わりました。昨今では、「良好なパートナー関係を構築するために必要なルールとしての就業規則」が必要になってきています。もう、そうでないと人がついてこないからです。

　企業が一方的に有利になるようなルールでは、優秀な人材がその企業に定着しません。従業員をうまく操る、企業が有利になるような就業規則を作成しても、賢い従業員がその意図を見破ってしまいます。

　反対からいうと、企業の利益優先の意図を見破れないような従業員だらけの組織では、そこそこの能力の人材しかいないことになり、それでは企業自体が存続できないともいえます。

　このように時代が大きく変化していたところに、新型コロナウイルス感染症の問題が起き、その変化が加速しました。

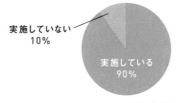

緊急事態宣言下におけるテレワーク等の実施状況調査
在宅勤務（テレワーク）が可能な業務で原則実施しているかどうか

実施していない
10%

実施している
90%

会員企業1468社のうち
505社が回答を得た
（回答率34.4％）

出所：一般社団法人日本経済団体連合会「緊急事態宣言下におけるテレワーク等の実施状況
　　　調査結果」（2021年1月29日）

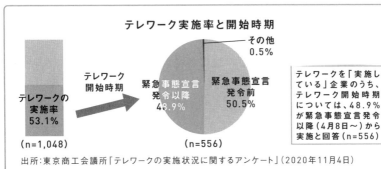

テレワーク実施率と開始時期

テレワークの
実施率
53.1%
（n=1,048）

テレワーク
開始時期

その他
0.5%

緊急事態宣言
発令以降
48.9%

緊急事態宣言
発令前
50.5%

（n=556）

テレワークを「実施し
ている」企業のうち、
テレワーク開始時期
については、48.9％
が緊急事態宣言発令
以降（4月8日〜）から
実施と回答（n=556）

出所：東京商工会議所「テレワークの実施状況に関するアンケート」（2020年11月4日）

コロナ禍で一気に変わった働き方

　2020年の前半に世界中を巻き込んだ新型コロナウイルス感染症は、日本企業の働き方にも大きな影響を与えることになりました。

　最も顕著なのは、オフィス以外の場所で働くテレワーク（リモートワーク、在宅勤務）が一気に普及したことです。

　それまで、在宅で勤務をするといったことは一部の企業や職種だけのものであり、大半のビジネスパーソンが自分とは無関係と思っていました。

　ところが、新型コロナウイルス感染防止を理由に、働き方改革の呼び声では進展しなかったテレワーク等の柔軟な働き方が、多くの企業で導入されたことは記憶に新しいでしょう。

それに伴い、会議も対面で行うことは少なくなり、ZoomやGoogle Meet、Chatwork等を使ったオンラインで行うことが普通になりました。

これもたった数か月で一変したことです。

都心でよく見かけた満員電車に乗って通勤する光景も、一瞬にしてなくなりました。その後、緊急事態宣言が解除され、再び混雑する傾向も見られますが、それでも以前のような状態に戻ることは、もうないと思われます。

以前のような状態とは、「満員電車に乗って通勤する」という日常に疑問を呈する人が少ない状態です。

多くの人は、これから自分が行う仕事は、「わざわざ満員電車に乗ってまでやるべきことなのか？」と考える視点を持つようになりました。

それは、そのまま、**「今の仕事は、家庭や健康を犠牲にしてまでやるべきことなのか？」**ということにまでつながります。

働く人1人ひとりが、今の仕事をする意味、今の企業で働く意味を考えるようになった——。2020年は、新型コロナウイルスによって1つの転換期を迎え、新たな時代に突入したといえます。

企業はどうでしょうか。

テレワーク、オンラインでの仕事のやり取り、それに伴うDX（デジタルトランスフォーメーション）の技術の革新で、企業は仕事の効率化を一層図ることができました。

今まで3人でやっていた仕事を1人ですることが可能になりました。今まで5時間かかっていたものが1時間でできるようになったものもあります。期せずして、もしくは、そうしたかったが、社内抵抗勢力により拒まれていたことが一気に進んだのです。

その他にも、新型コロナウイルス感染症の影響で働く環境や働く人の意識に**右表**のような変化がおきました。

こうした中で、会社から従業員に求めるものも、従業員から会社に求めるものも様変わりしました。

　その状況を一言で表すのなら、「**プロフェッショナルが求められる時代になった**」、そう私は捉えています。

　求められているプロフェショナルというのは、大きく2つあります。

　1つは、業務・作業に関するスキルが高く、専門性を有していること、もう1つはコミュニケーション能力に長けていることです。

　最初の「業務・作業のプロフェッショナル性」は、一部の特殊な仕事を除いて、昔に比べれば重要度が低くなっているようにも見えます。たいていの仕事は、コンピューターや機械、外部の専門性を有した人が担ってくれるからです。

　その一方、2つ目の「コミュニケーション能力」のほうは、一定水準を有していないと成り立たない場面が増えています。

　なぜなら、仕事が細分化・専門化し、チームで行う場面が増えています。1つの業務の完了までに携わる人数も増加傾向にあります。さらに人と人が直接対面しないテレワークの浸透により、オンライン上でやり取りを進める場面が増えたことで、求められるスキルは、より高まりました。

　リーダー的立場の人はもちろん、そうでない人も、共通の目標に向

かって前向きに調整を図っていくファシリテーションやコーチングといったテクニックを、適宜身につける必要が生じています。

　とはいえ、みんなをワクワクさせながら、力を結集し、1つの結果を出すということは、テクニックよりも、そこに携わる人の「あり方」による部分が大きく関係します。

　心のあり方が、自身の権利や保身だけを考えるような内向きではなく、皆で協働してよい結果を出そう、仲間に貢献しようという外向きであることが重要です。

　私はこれまで就業規則作成のコンサルタント業務等を通じて1,000社を超える企業の実情を見てきましたが、そのようなメンバーが多数を占める組織は、やはり結果を出し続けています。

　コロナ禍後、人との触れ合いが少なくなり、「誰かのため」という外側への意識より、「自分がよければ」という内向きな意識に、より傾きやすくなっています。

　だからこそ、外に目が向くコミュニケーションが取れるプロフェッショナルが必要です。

　こうした人材を求めているのは経営側だけではありません。従業員も、そうした人たちで構成されている組織で働きたいと考えているのです。

　世の中全体の意識レベルが上がったことで、従来からプロフェッショナル意識を持って仕事にあたっていた経営者や労働者は、より市場から選ばれる時代、仕事がやりやすい時代になったともいえます。

　反対に、プロフェッショナル意識に欠けた人たちにとっては、たとえ景気の荒波を受けにくい業種であっても、居心地がよくない時代になったことでしょう。

労働環境に関する
意識の変化と今後の展開

モデル就業規則「副業は原則自由」の影響

　新型コロナウイルス感染症とは関係なく、労働環境に関する意識の変化は起きていました。

　2018年1月に厚生労働省は、「副業・兼業の促進に関するガイドライン」をまとめました。

　また、同省が示していたモデル就業規則上で副業禁止の規定を削除し、「原則禁止」の考えから「原則自由」へと国の考え方を大きく変えました。

　副業の制限などは、法律の定めではないものの、国が方針を変化させた影響が、今後の労使関係に生じてくることでしょう。

　副業については、多くの経営者がいまだに拒否反応を持つことが多い印象です。企業への帰属意識の希薄化が団結力を弱め、それが会社の指揮命令によるコントロールを難しくするとの懸念からと思われます。

　確かに帰属意識は希薄になります。しかしながら、魅力的な企業であれば、そこへの愛着は薄れないはずです。関わる範囲や時間は変化しますが、想いは変わりません。

　ただし、それは会社がその従業員にとって魅力的であることが前提です。

　これからの時代、従業員から副業の申し出があったときに、経営者はどうすればよいのでしょうか。

　1つの考え方としては、その従業員が会社に愛着を持ちつつも、諸

事情や人生をより豊かにするために申し出をしたならば、その意思を尊びます。そして、従業員の意思と会社の利益が分かれないあり方を一緒に模索するのが、経営者の心の置き方になるのではないでしょうか。

労働時間管理は「法的に問題なし」の取組みだけでは済まない

働き方改革関連法が成立した2018年6月あたりから、長時間労働の抑制が社会的価値観として広く浸透してきました。

労働時間についての法律については、大きく変わったわけではありません。時間外労働をさせるための協定（いわいる36協定）で定める「残業させることができる時間」について上限が設けられたり、違反に罰則がつくようにはなりましたが、それとて、36協定を締結すればいまだ1か月100時間未満の範囲で長時間の残業や休日労働をさせることができます。

しかし、世の中の空気感は圧倒的に変わりました。たとえ、**法的には問題ないとしても、経営者が残業の抑制に関心がないことが知られてしまうと、その企業の姿勢が従業員や世間から評価されなくなってしまった**のです。

ある人が「経営に一番大事なのは心理学である」ということを言っていました。まさにそのとおりだと思いました。

「法律的に正しい・正しくない」という視点も重要ですが、経営者の発言、企業の姿勢や方針が人の心理にどう影響を与えるのかを読み取り、そのために何をするのかが大事な時代になってきたのです。

企業への評価に直結する多様な働き方への対応

働く人のニーズは多様化しています。その多様性を汲み取り、柔軟に対応できるか否かが、企業を評価する際の分かれ目になりそうです。

少し前までは、働き方でいえば育児をする従業員への配慮が大部分でした。しかし、最近では**育児のほか、介護の問題、治療と仕事の両立、副業・兼業のニーズ、短時間勤務のニーズ、勤務地を限定したいニーズ**など、配慮すべき点が増えています。

従業員側のニーズを企業側がどう捉え、どんな方針を打ち立てるのか、対応するもの・しないものをどう線引きするのか——。これらを明確にする必要があります。一連の対応を従業員が見ているのです。

　結果として、従業員のほうを向いてニーズを汲み取ろうとしている企業に人が集まり、優秀な人材を選びやすくなります。

LGBT等の多様性への対応

　2020年に開催されるはずだった東京オリンピック・パラリンピック競技大会ですが、オリンピック憲章には、「性的指向による差別の禁止」が記載されています。

　また、政府の進めた「ニッポン一億総活躍プラン」等において、性的指向、性自認に関する正しい理解促進、社会全体が多様性を受け入れる環境づくり」がうたわれました。

　そうした社会的価値観の変化も相まって、**LGBTなどの多様性の受け入れを企業内でどのようにしていくのか**を考える空気も生まれてきました。

　LGBTとは、レズビアン・ゲイ・バイセクシャル・トランスジェンダーという、性的指向・性自認が非典型な人々のうち代表的とされるものの頭文字を取った総称です。

　2017年1月1日から、男女雇用機会均等法の妊娠・出産等に関するハラスメント指針に「被害者の性的指向又は性自認にかかわらず、当該者に対する職場におけるセクシュアル・ハラスメントも、本指針の対象となるものである」との一文が追加され、**「セクシュアル・ハラスメントには 同性に対するものも含まれる」**ことが明記されました。

　そのような背景を受けて、セクシュアル・ハラスメントに対する指針などを変更することに加えて、家族手当や結婚休暇に同性パートナーも認めた企業も出てきています。

　今後の世の中の流れを考えると、性的指向の多様性を認める企業、それを制度として就業規則にルール化し担保している企業が、世間から評価される時代になってくると考えます。

バックオフィス部門の効率化と健康経営体制の強化

DX（デジタルトランスフォーメーション）の進化により、人事・経理・法務・財務・総務といったバックオフィス機能の効率化が一段と進んでいます。オフィス以外の場所で賃金計算をしたり、従業員の勤務状況をリアルタイムで把握するといったことも容易になりました。以前より少ない人数で業務がやりやすい状況になっています。

そうした中、**労働時間は、人件費をコストとして捉えて適正化を図るために管理するだけではなく、従業員の健康管理といった観点で管理することも視野に入れる時代になっています。**

経済産業省の調査によると、健康経営度の高い企業の離職率は低い傾向にあります。労働市場においても、就活生及び就職を控えた学生を持つ親が就職先を考慮する際、重視する要素に「従業員の健康や働き方への配慮」を挙げる割合が最も多い結果となっています（令和2年9月「健康経営の推進」より）。

①DXで定常業務を減らして効率化を図り、さらに②従業員の健康を促進させる視点からも労働時間管理を行う——、こうした取組みを戦略的に実践していくべきでしょう。

従属関係の組織から自律分散型の大人の組織へ

コンプライアンスに関する意識の芽生え、終身雇用という概念の希薄化など、様々な要素が重なり合い、労使間において「契約」という考えが一般化してきました。

経営者には「雇用契約」という言葉を嫌がる方が相当数おられます。「企業側ばかりに義務が強いられる」といったイメージを持っておられるようです。

しかし、**契約はどちらか一方に縛りを設ける約束事ではありません。**双方がうまくやっていくための決まりごとをつくるということです。

本来、双方がうまくいくためのルールを明確にしていくのが契約社会ですから、お互いにとって住みやすい社会になるはずです。

とはいえ、実際にはそうはなりにくいのです。「自分が不利になら

ないように」という内向きの自分視点発想で約束を決めようとするからです。労使双方がそう考える場合もあれば、どちらか一方にその思いが強い場合もあります。

　自分ばかりに目が行く内向きの視点が解消されれば、ルールを明確にすることはとてもいいことなのです。では、どうすればいいのか——。その1つの答えが意識の変容です。意識レベルが高い人たちの集まる組織となっていくことです。

　それを私は「大人の関係の組織」といっています。「大人の関係の組織」とは、頭がいい人たちや教養が高い人の集まりということではありません。相手に無関心でドライな人たちの集まりでもありません。

　自分自身という囚われから意識が外れて、自然と「大きな目標・目的（自分の目標・目的ではない）のために生きられる人」「自分と人とが切り分けられないような感覚」「世のため人のためといった自分の外に意識が向かう感覚」、このような意識を持った人たちが多く集まった組織です。

　近年現れた**ティールやホラクラシーといった、階層構造や管理マネジメントの仕組みが存在しない、従業員それぞれが裁量権を持って行動する「自律分散型の組織形態」**がそれに近いといえます。

画一的関係から多様化を許容する関係へのシフト

　昨今のビジネスパーソンは、画一的な働き方を強いるような企業に魅力を感じなくなってきています。

　ライン作業が中心の製造業のようなところでも、短時間勤務制度を活用していたり、育児休業明けの従業員だけで構成された部門をつくり、短時間勤務や子どもの病気による急な欠勤や早退にも対応できる業務だけを集めている企業もあります。

　ある企業では、従業員の子どもたちが、親が業務を終了するまで社内キッズルームで遊べるようになっており、親子で退社していきます。

　いろいろな人のニーズを組み込んだ働き方を制度化しています。ここまでくると、**共同体といったほうがしっくりする、1つのコミュニ**

ティーのような企業に見えます。

　このような従業員のニーズに配慮し、極力それに応えていこうという姿勢を見せる企業は良い人材を引きつけ、離しません。

「場づくり」のルールに切り替えよう

　以上のような労働環境に関する意識の変化を踏まえると、就業規則の価値や、その考え方も必然的に変わってきます。

　今までは、企業側の都合や視点でつくる企業が多かったと思います。今後は、企業視点の一方的なルールから、大人の関係が構築・維持される「場づくり」のルールへと移行させていく必要があるのです。

　その意図は、優秀な従業員との良好なパートナー関係を図ることにあります。彼ら彼女らにとって心理的に安心・安全な職場をつくるためのルールを作成していきましょう。

　そうした場は、企業がトップダウンでつくるのではなく、労使間で、フラットに、能動的につくり上げていくのがベストな形です。

　なお、組織風土は、当然ながら就業規則だけで醸成されるものではありません。しかし、就業規則がその一部を担い、日々のミーティングや会議、朝礼、社内報、社内イベントなどと織りを成してつくり上げられていくのです。

　つまり、**就業規則に対する基本的スタンスを、命令や強制力の根拠となるルールから、良い企業風土を意図的に構築するための対話のツールに変えていく**のです。

場づくりに必要な「性弱説」の就業規則

　人は性善なれど弱し。

　この言葉の意味は、人はもともと善であるけれども、弱い存在ゆえに易きに流れてしまう。組織などの大人数の中では、人の心は易きに流れがちである、という考え方です。

　「下田先生の考えは性善説で、〇〇先生は性悪説ですよね」。

　労務管理は「人の良い面」から捉えていくアプローチが大切だという話をすると、決まって同業者から、特定の専門家と対比される形で、こう言われ続けてきました。当の私は、善と悪で捉えるものではないと思っていたので、しっくりこない見立てでした。

　ただ、一橋大学の田中一弘先生から「私の師匠である伊丹敬之先生の考えである」として、冒頭の性弱説について教えていただいたとき、「私の考え方は性善説ではない。〈性弱説〉、これだ！」と膝を打ったのです。

　自分だけは損したくない。いい思いをしたい。自分の利益を優先的に考えたい。私も含めて多くの人は弱く、こうした易き心に流されがちです。

　一方で、易き心だけを持っているわけでもありません。人のために尽くしたい。感謝されることをしたい。優しくしたい。そうした心も奥底にあります。だから、場が大事であることに気づいたのです。つまり、それは易きに流されることなく、善の心が出やすい場をつくるということです。

　「就業規則は〈善の心〉が発揮しやすい場をつくるためのルールであり、そのような場での対話のツールである」。

　性弱説の考え方を知ってから、私はこうした視点で就業規則を捉え直すことが大事だと確信しました。

「善の心」について、私は「良知（良心）」という言葉で捉えています。

良心というと「良い心」「良いことをすること」と理解してしまいそうですが、それは正しくありません。

私は数年前に東洋思想の1つである陽明学を、大家の福岡女学院大学名誉教授である難波征男先生から1年にわたり学ぶ機会を得ました。

その中で難波先生から、「良心の『良』を『良い』と理解すると間違える可能性がある。この良は『本来の』と解釈するとよい」と教えていただき、ストンと腹に落ちたのでした。つまり、良心とは「本来の心」であり、人間は、誰かに教えられなくても、本当は何をすればいいか、何をしないほうがいいのかを知っている、というのです。

例えば、電車で座っていて、目の前に荷物を持ったお年寄りが立っていたとします。

多くの人は、「席を譲ったほうがいい」という気持ちがどこからともなく湧き上がってきます。これが良心だというのです。

良心は、長い年月のうちに我々のDNAに刻まれた本能みたいなものなのかもしれません。人は良心が発揮されると基本的に人に良いことをするのです。

会社の中においても、「本当はこれをやったほうがいいのだよな」「あれはやらないほうがいいよな」と知っています。

知ってはいるのですが、できないこともたくさんあります。前述した電車の場面の例をとっても、席を譲ったほうがいいと知っていながらも譲れないことがあるのではないでしょうか。恥ずかしながら、私にもたくさんあります。

「知っているのにできない」のは、陽明学的にいえば、「私心」に「良心」が覆い隠されてしまっているからです。

「疲れているから座ったままでいたいな」「席を譲ったのに『結構です』と断られたら恥ずかしいな」という私心に心が占領されて、良心が発揮できないのです。

このようなことは職場でよく起こっています。

「損したくない」「得したい」「楽をしたい」といった気持ちに負けて、

本来やるべきことをやらなかったり、やるべきでないことをやってしまう。そして、何ともいえない気持ち悪さが心の奥に残る——。

　私がクライアントに依頼されて企業内のルールを考えるときは、「性弱説」と「良心と私心」を踏まえて、易きに流れにくく、つい良心が発揮されてしまうムードづくりに寄与することを大切にしています。

　「性弱説でルールを考えると、従業員にとって甘いルールになったり、『ぬるい職場』になるのでは？」と心配される方もいらっしゃいますが、そのようなことを目指しているのではありません。

　むしろ、易きに流れにくくするわけですから、適度な緊張感のあるルールや一罰百戒のような厳しいルールも必要になってきます。

　例えば、「欠勤の連絡はメール等ではなく、所属長に直接電話連絡しないといけない」といったルールを定めている会社があります。従業員側からすれば厳しく時代遅れに見えるかもしれません。

　直接電話というわずらわしさが、「今日は面倒くさいから休んでしまおう」といった易きに流れない仕組みになるのです。

　最後に質問です。良心はどんなときに発揮されやすいでしょうか？

　答えは、「良心は、よく知っている人に対して発揮されやすい」です。

　電車の中でも、目の前に立ったお年寄りが、近所に住んでいて日頃から挨拶する関係の人だったら、席を譲る可能性が格段に上がります。

　職場でも、何かのシステムの使い方で困っている人がいた場合、接点がほとんどない同僚であれば気づかないふりをするのではないでしょうか。一方、何度か食事をしていてよく知っている人だと、業務上の利害関係がなかったとしても、積極的に助けてあげるでしょう。

　「良心は、よく知っている人に対して発揮されやすい」というポイントを、「場づくり」の参考にしてください。

成功が循環する職場に するため知っておくべきこと

科学的に実証されたデータを就業規則づくりに取り込む

　2012年にGoogleが生産性の高い職場について調査したところ、心理的安全性の高い職場ということが判明しました。

　心理的安全性とは、職場で誰に何を言っても、どのような指摘をしても拒絶されることがなく、罰せられる心配もない状態のことをいいます。

　私はそれを「安心・安全な職場」といっています。わかりやすく説明すると、**自分の居場所があり、何かに怯えることや、心理的に窮屈さがない状態を保っている職場**です。

　マサチューセッツ工科大学のダニエル・キム教授は、「成功の循環モデル」という、良い組織を生み出すフレームを示しました。

　これは、**関係の質、思考の質、行動の質、結果の質は循環する**ということです。つまり、組織内の関係の質が良いと思考の質が良くなり、思考の質が良いと行動の質が良くなり、行動の質が良いと結果の質が良くなる、という循環です。

　反対に、結果の質を求めるのであれば行動の質を良くし、行動の質を良くするには思考の質を良くし、思考の質を良くするには関係の質を良くすると考えることもできます。

　誰もがその場に居場所があり、自分らしくいられるような、関係の質が良い場があれば、思考の質は変わっていきます。

　このような場は、次ページ図に示したとおり、「良心」をベースに

「良心」をベースに成功の循環モデルをつくる

❶相手のことを
よく知っていて
心が通っている

関係の質が良い

❷相手に親切に
しよう、相手と
協力しようと思う

思考の質が良い

良心

結果の質が良い

行動の質が良い

❹良い結果が
生まれる

❸相手のことを
考えて行動する

つくることができます。

　つまり、①相手のことをよく知っていて心が通っている（関係の質が良い）と②相手に親切にしよう、協力しようという気持ちが生まれ（思考の質が良い）、③実際に相手のことを考えて行動します（行動の質が良い）。具体的には、接客業やサービス業であればお客様のことを考えて行動する、製造業であれば後工程の人のことを考えて行動する、バックオフィスであれば従業員のことを考えて行動するなどです。④その結果、売上が上がる、不良品が減る、生産性が上がる、従業員満足度が上がる（結果の質が良い）となるわけです。

日常と分離しないルールを
ポジティブな表現でつくる

日常と就業規則を分離させてはいけない

　筆者はこれまで多くの企業に携わってきましたが、従業員との関係性が良い会社には共通の考えがありました。それは、「良好なパートナー関係」をベースに自社にどのようなルールが必要かを考えることです。

　従業員が会社に所属して働くということは、人と人が集まり、社会を形成していくということです。

　そこには、感情が行き来します。健康な人もいれば、病気になる人もいる。家庭がうまくいっていない人もいる。仕事についても成果を出している人もいれば、そうでない人もいる。たまたまスランプに陥っている人もいるということです。

　つまり、そこには「生活の営み」があります。

　いろんな状況・環境に置かれた人たちが、「それでも、みんなでなんとかうまくやっていこう」と、おおよその方向性を一致させて関わり合っているということです。そして、ここを起点にルールをつくっていくことが大切なのです。

　ところが、いざ就業規則をつくることになると、多くの企業では、そこに元々あった「生活の営み」「日常」と就業規則を分離させ、法律や判例から就業規則をつくろうとします。

　つまり、就業規則が日常と分離してしまうのです。そうすると、従業員と会社との間に良好なパートナー関係が構築できないのも自然な

ことです。

　どんな企業でも「生活の営み」が先にあります。この営みが健全であることが企業にとって最も重要なはずです。法律や判例を中心に日常生活が営まれているわけではありません。

　ルールを考えるときは、まず「従業員と良好なパートナー関係を構築するには、どんなルールが必要か？」を考えていきます。

　次に、「そのルールに法律に抵触する点はあるか？　あれば、どうクリアしていくのか？」を考えていきます。

　①生活の営みを健全にするルールをつくる、②法律に抵触する点がないか等をチェックする──。この順番がとても重要です。

　では、具体的に自社ならではのルールをどのようにつくるかですが、こう書いておきながらなんですが、「絶対にこうすればいい」というマニュアルのようなものはありません。第4章で提案は述べましたが、これもあくまで一案にすぎません。

　1ついえるのは、従業員を巻き込みながら、ワークショップ形式で、対話の数を多くしてルールづくりを進めるとうまくいきます。

　就業規則を作成するというよりは、**我社が発展していくためにはどんなワークルールが必要か？」**というテーマで対話を繰り返しながら、そこで集約されてきたことを就業規則に落とし込んでいくのです。

ルールの表現方法を対話ベースに切り替える

　表現方法についても新たな標準に見直す必要があります。

　従来の就業規則は、「～してはならない」「～しなければならない」という表現方法が一般的でした。

　今後は、「良好なパートナー関係の構築」「安心・安全な職場づくり」を就業規則上で実現させていくわけですから、「対話ベース」の表現方法に変えていくことが望まれます。**縛られた感覚のある表現や禁止表現は極力使わないようにし、「善の行動」が促されるような表現にしていくのです。**

例えば、年次有給休暇の表現を考えてみましょう。

　多くの就業規則は、「年次有給休暇を取得する場合は、3日前までに所属長に申請しなければならない」という表現になっていると思います。これですと閉塞感のある、縛られた感覚の表現に感じます。

　これを、「3日前までに所属長に申請することで年次有給休暇を取得することができる」とするとどうでしょうか。同じことをいっているのですが、ポジティブな感覚を受けます。

　たかが、「就業規則の表現くらいで」と思うかもしれませんが、こうした表現が積み重なっていくと、全体から受ける印象は異なってきます。

　禁止事項羅列の規則と、ポジティブ表現で構成された規則では、その印象はまったく異なるのです。

　これに気づいたのは、とある外資系企業の就業規則を見せてもらったときでした。

　この企業の就業規則は、多くの項目が、**「～することで～ができる」**というようなポジティブ表現だったのです。ポジティブで解放感のある社風を就業規則からも感じることができました。

　ただし、はっきり禁止を促すようなルールは、あいまいな表現にせず、「禁止」としっかり定めることも大切です。

　多くの企業では、私たちのような専門家に就業規則の作成を依頼するか、専門家の書いた書籍を参考に自社で作成しています。

　専門家は、誤解を与えないよう、複数の読み方ができないようにという法律的視点で表現の仕方を考えてしまいます。

　法律的視点も大事なのですが、そちらにばかり偏っているきらいもあると感じます。個人的には、もっと文学的で、人の心理や見た目の印象にも気を配った表現を意識してもよいと考えています。

第 **2** 章

就業規則に関する
法律上の考え方

最低限知っておきたい 内容と注意したいポイント

従業員数10人未満であってもつくったほうがいい

　第2章では就業規則に関する法律上の考え方について述べていきます。第1章で、法律や判例だけを見た就業規則にせず、日常と分離しないルールをつくることの大切さを伝えました。だからといって法律を知らなくていいということではありません。最低限の法的知識は押さえておきましょう。

　就業規則は、従業員が働くにあたっての基本的なルール、労働条件を定めたものです。

　法律で正社員やアルバイトなどの雇用区分に関係なく、常時雇用している従業員の数が合計10人以上の事業場には、就業規則の作成と労働基準監督署への届出が義務付けられています。

　また、記載すべき内容は決められています。

　ここは間違いやすいポイントなのですが、法律では、常時10人以上の従業員を雇用している事業場ごとに労働基準監督署への届出を求めています。つまり、**会社全体の数ではなく、事業場ごとで人数をカウントします。**

　例えば、本社とA支店、B支店があり、本社に12人の従業員、A支店に8人の従業員、B支店に11人の従業員がいた場合、労働基準監督署への届出義務があるのは、本社とB支店です。

　なお、届出を怠ると30万円以下の罰金という罰則もあります。

　こう書くと10人未満の企業は作成しなくてもいいのだと思うかもしれません。確かにそのとおりですが、作成してもかまいません。

絶体的必要記載事項

1 始業及び終業の時刻、休憩時間、休日、休暇 並びに交替制の場合には就業時転換に関する事項
2 賃金の決定、計算及び支払の方法、賃金の締切り及び支払の時期並びに昇給に関する事項
3 退職に関する事項（解雇の事由を含む）

相対的必要記載事項

1 退職手当に関する事項
2 臨時の賃金（賞与）、最低賃金額に関する事項
3 食費、作業用品などの負担に関する事項
4 安全衛生に関する事項
5 職業訓練に関する事項
6 災害補償、業務外の傷病扶助に関する事項
7 表彰、制裁に関する事項
8 その他全労働者に適用される事項

筆者は、10人未満であっても複数の従業員がいるならば就業規則か、それに近いものを作成すべきと考えています。良好なパートナー関係をベースとして、良心が発揮される場づくりを目的とするのであれば、**人数によって就業規則の要・不要を考えることがナンセンス**になるからです。

労基法の基準に達しない労働条件を定める部分は無効になる

法的に考えると、従業員に周知されている就業規則は「契約」と考えられ、労使はその内容に拘束されます。

「では、どんなことを契約内容として決めなくてはならないのか？」と疑問に思う方もいらっしゃるでしょう。

答えをいうと、就業規則に記載しなければならないことが労働基準法で決まっています（上表参照）。

また、**労働基準法に反する内容を定めたとしても、その部分は無効**

となり、労働基準法の内容に置き換わります。

例えば、「法律では1日の労働時間は8時間だが、うちは1日12時間と定めて、その時間働いてもらおう。その代わり、同業者の賃金水準は月給25万円だが、うちは30万円にしよう」と考えたとします。

この場合、労働基準法に違反している1日労働時間12時間という部分だけが無効となり、労働基準法どおり1日8時間に修正されます。しかし、月給30万円はそのままとなります。

ここまで極端な例は少ないかもしれませんが、法律違反の部分のみ無効とされてしまう点に注意が必要です。

35ページ下表の「相対的必要記載事項」は、ちょっとわかりづらいかもしれませんが、これは「そのようなルールがあるならば就業規則に内容を記載しなければいけない事項」になります。

以上のように、従業員に適用させるルールは、基本的に就業規則に網羅しないといけないことになります。つまり、**労務管理上、必要なことはひととおり記載が必要**というわけです。

それ以外に、就業規則作成の目的、ルールの意味合い、ルールの解釈などは、労働基準法などの法律や公序良俗に反しない限り、自由に書いていいことになります。

就業規則を届出・変更する際の過半数代表者選出に関する注意点

前述のとおり、パートタイマーやアルバイトも含めて常時10人以上の従業員を雇用している事業場は、就業規則を労働基準監督署に届け出なければなりません。

従業員の過半数で組織する労働組合がある場合は、その労働組合（以下「過半数組合」という）、ない場合は、従業員の過半数を代表する者（以下「過半数代表者」という）から、就業規則の内容について意見を示した書面（意見書）をもらい、添付します。

これは就業規則の内容を変更した場合も同様です。変更時も過半数代表者等（以下、この書籍内において、「過半数代表者等」と記した箇所は、過半数組合がある場合は過半数組合、ない場合は過半数代表者を指す）などの意見書を添付して届け出る必要があります。

なお、過半数代表者は管理監督者がなることはできません。しかし、**「従業員の過半数を代表する者」の「従業員」には、管理監督者もパートタイマーもアルバイトも関係なく、雇用されている全従業員が対象となることに注意が必要です。**

　また、過半数代表者の選出は、従業員の中で投票などの方式で選出されなければなりません。したがって、経営者が指名したり、「総務主任が代表者を兼ねる」など、自動的に決まるようなルールをつくることもできません。

労働条件を不利益に変更する場合

　就業規則の内容を変更するときには「労働条件の不利益変更」に注意が必要です。

　従業員にとって不利益となる変更の場合は従業員との合意が必要となり、会社が一方的に変更することは原則としてできません。これは、過半数代表者等から合意を得ればいいのではなく、個別に合意を得る必要があります。

　労働契約に関することには労働契約法という法律があり、その中で、「使用者は、労働者と合意することなく、就業規則を変更することにより、労働者の不利益に労働契約の内容である労働条件を変更することはできない」と定めているのです。

　例えば、年間労働日数が240日だったところ、就業規則を変更して250日に変更する場合などです。この場合は、従業員の合意を得る必要があります。

　一般的には従業員説明会を開催し、1人ひとりから同意を得ます。ただし、次の要件を満たす場合は個別の同意を要さないとしています。

1　変更後の就業規則を従業員に周知させている
2　変更後の就業規則が以下の観点に照らし合わせて合理的であること

- ●従業員の受ける不利益の程度
- ●組合等の交渉の状況
- ●変更の必要性
- ●その他変更に係る事情
- ●変更後の内容の相当性

ポイントは「合理的の判断を誰が行うのか」ということです。

この判断を行うのは、経営者でも従業員でも労働基準監督署でもありません。裁判所です。要するに、裁判が行われてはじめてわかります。つまり、争いになってはじめて合理性がわかるということです。

以上のことから、合意を得ないで一方的に不利益変更した場合、裁判で判決が出るまで、それが適法か否かがはっきりしません。いつ裁判で「合理性なし」と判断されるのかわからないリスクをはらんだまま経営することになるわけです。

したがって、**不利益変更は、会社がその変更に「合理性がある」と思う場合であっても、極力合意を得ておくことが重要**です。

本書を読んで、現在の就業規則を変更する必要性を感じ、実際に変更する場合も同様です。その条件が従業員にとって不利益になる場合は、変更後の内容について従業員から合意を得ることを基本のラインとして考えるようにしてください。

また、変更する必要性や変更によって従業員が受ける不利益の程度などを考え、合意を要さないと考えるときも、まずは丁寧な説明と極力合意を得るプロセスは取るべきです。

一般的には、労働時間や休日数、賃金、定年年齢など労働条件のコアな部分に変更を加えるときほど合意を得ないで不利益変更することが難しくなると考えてください。

就業規則はいつでも自由に確認できる状態にしなければならない

就業規則は常時各事業場の見やすい場所に掲示する、または備え付ける、もしくは、各人に交付するなどの方法で周知する必要があります。ペーパーレス化の進む現在ですから、パソコン端末などで確認できるようにしておくことでも有効です。

気をつけたいのが、自由に確認できる状態となっているか否かです。従業員が必要な時に容易に確認できることを周知の条件としていますので、**上司の許可を得ないと就業規則が閲覧できない場合などは「周知している状態」とはなりません。**注意してください。

第 **3** 章

「新標準の就業規則」
作成の5ステップ

私が顧問先に提案する 作成方法の中身

「従業員を巻き込んでつくる」のも新標準の1つ

　これからの時代の就業規則は、安心・安全な場をつくり、優秀な従業員と良好なパートナー関係を構築するためにつくることが重要です。

　作成に至る流れも、企業側だけで形にするのではなく、従業員も巻き込みながら整えていくことをお勧めします。これも新標準の1つとお考えください。

　ここでは、私が日頃から行っている手法で、クライアントにも勧めている「新標準の就業規則」作成の5ステップを解説していきます。

　具体的には下図のとおりですが、次ページから1つひとつ解説していきます。

「新標準の就業規則」作成の5ステップ

ステップ1 ▶ 会計情報をオープンにする

↓

ステップ2 ▶ 作成目的を明らかにする

↓

ステップ3 ▶ 基本方針を決める

↓

ステップ4 ▶ 具体的なルールを決める

↓

ステップ5 ▶ 従業員と一緒に考える

従業員に変な疑念を抱かせないことが極めて重要

　「就業規則を新たに作成したい」と経営者からお話をいただくとき、私は「なぜ変えたいのですか？」と必ずお聞きします。

　「労働基準監督署から指摘されたから」

　「助成金をもらうのに必要だから」

　「今の内容が現状と合わないから」

　その理由は様々です。

　中には、「良い会社にしていきたい」「働きやすい会社にしていきたい」といった、未来を見据えた前向きな理由をお聞きすることも結構あります。

　こうした前向きな理由の場合には、さらに必ず聞くことがあります。それは、「会社の会計情報を従業員にオープンにしていますか？　していない場合、オープンにできますか？」ということです。

　就業規則でルールを明確にしていくときや変更するときは、従業員が不利益と感じるような場面も出てきます。むしろ、そのような場面がないケースのほうが少ないでしょう。

　会社が会計情報をオープンにせず、従業員が不利益に感じるルールを導入していくと、どのようなことが起こるでしょうか？　従業員は会社の状況がわからないので、「会社は俺たちのことをうまく使おうとしている」と思うのが自然ではないでしょうか。その規則の変更が、従業員のためを思ったものだとしてもです。

　例えば、会計情報の開示もなく新たに変形労働時間制を導入し、残業時間の削減を試みようとした場合、従業員はどう感じるでしょうか？

　「会社は俺たちを安く使おうとしている」

　従業員からそう思われても仕方がありません。

　良好なパートナー関係を構築するために就業規則をつくるのであるならば、ここで不信感を抱かせないためにも、会計情報をオープンにすることが重要になります。もっと正確にいえば、**労働分配率を開示**

することが必要です。

労働分配率とは粗利益に占める人件費の割合です（労働分配率＝人件費÷粗利益）。

　私がこのように提案すると、「数字だけ見せても従業員はよくわからないのではないか？」と返す人がいます。

　そのとおりです。数字を見せるだけでは、従業員は何のことかわかりません。その後、**財務諸表の見方を定期的に教えていく必要もあります**。

　こうした取組みを進めることは、副次的に従業員に経営視点が身につき、経営者マインドで仕事をすることにつながるメリットもあります。

ステップ2 ▶ 作成目的を明らかにする

レアケースの対策に大きな労力をかけない

　企業側の視点でつくられた従来型の就業規則では、会社に協力的でない従業員や、権利主張が激しい従業員、自己中心的な考えの言動が多い従業員への策を講じた内容をよく見かけます。

　私自身、そうした従業員への対策を踏まえて就業規則を作成してほしいと依頼を受けることは少なくありません。

　残念ながら、世の中には自己中心的な考えを持ち、職場という共同体の維持と逆の方向に動く人はいます。ルールの不備をついて自分の都合のいいように解釈し、声高に権利の主張をする人もいます。

　そうした従業員に対して、企業側がまったく無防備でいるのは問題があります。ルールを明確にすることや服務規律などで禁止事項を定め、職場のルールに違反した場合の懲戒処分についても抜け・漏れがないようにしておかなければなりません。

　しかし、**企業側にとって不都合なことを起こす従業員は、社内にどのくらい存在するでしょうか**。そうした問題のある従業員が、実態以上に存在しているように刷り込まれていないでしょうか。

あたかも、テレビで、遠方の国で起こった暴動のニュースばかりを一日中見させられたような感じです。暴動のニュースばかり見ていると、あちこちで物騒な事件が頻繁に起きていると思ってしまいます。しかし、実際に現地に行ってみると、暴動が起きているのは1つの都市の一定地区だけということがよくあります。

　自戒を込めて書きますが、就業規則作成の現場でも、暴動のニュースを放送するテレビと同じことが起こっています。

　問題のある従業員は多数派ではありません。しかし、少数派の従業員の相談ばかりを受けている専門家には、そのような従業員が実際より多く見えてしまうのです。そうした専門家が話す内容や書いた書籍は少数派の従業員の対策に終始してしまいがちです。

　現実を見ると、多くの企業で大多数を占めているのは真っ当な従業員です。

　企業と従業員、あるいは従業員間で、互いに信頼関係を深めていき、企業という共同体の発展に貢献できるようにするためのルールとして「就業規則」があるべきなのです。

　「ルール」は、企業が従業員から利益を搾取するためでも、従業員の権利を主張するために存在するわけでもありません。共同体の発展に貢献するために、時には我慢しなければならないことや、積極的に関わらなければならないことがあります。それを明らかにするのが就業規則であると私は考えています。

　この考え方は、法律的な観点からのみでつくられる就業規則とはだいぶ異なります。しかし、私が社会保険労務士として20年近く多くの企業と関わってきての実感は、**「信頼関係の醸成」をスタートにルールづくりに着手できる企業は、確実にいい組織になっていきます。**

　「何のために就業規則をつくるのか」を従業員にはっきりと伝えましょう。

　そのとき、少数派だけに目を向けるのではなく、多数派の真っ当な従業員を忘れてはいけません。リスク管理も大切ですが、そこに大き

な労力をかけることが就業規則の作成目的ではありません。

ステップ3▶基本方針を決める

正の感情を抱きやすい仕組みを考える

　次に、就業規則を作成していく上でのグランドデザインを考えていきます。つまり、「どのような方針でルールを考え、表現していくのか」を考えていくのです。

　そのとき私が重要視しているのが、良好なパートナー関係の構築です。これを違う言葉でいうと、良心が発揮されやすくなる職場であり、そのような職場をつくるためのルールです（25ページColumn参照）。良心は誰かに強制されて発揮するものではありません。

　大切なのは、ついつい良心が発揮されてしまうような職場の雰囲気です。もちろん、それは就業規則だけでつくれるものではないのですが、**どんなルールがあったら良心が発揮されるのかを考えていきます。**

　とはいえ、これは「従業員に甘く、ぬるい組織にする」ということではありません。

　例えば、前にも触れましたが、欠勤の連絡はメールでの一方的な通知でいいのか否かです。業務効率的なことを考えれば、メールやSNSで連絡してくれればこと足りますし、そのほうが便利です。

　しかし、ある企業では、欠勤の連絡は本人が電話で直接上司に連絡の上、許可を得ないといけないことになっています。

　欠勤の理由が体調不良であったとしても、人間には「微妙なとき」があります。「頑張ろうと思えば頑張れるけれども、休めるならば休みたいな」というようなときです。

　この場合、メールでの一方的な連絡でよければ「今日は休もう」と易きに流れやすくなります。しかし、上司に電話して事情を説明し、許可を得なければならないとなると、「それならば出勤しよう」という判断になると思うのです。

　反対に、連絡を受ける側も、メールでの一方的な連絡だと、「あい

つ、こんな忙しい時に休みやがって！」という負の感情を相手に抱くことになります。それに対して、電話で連絡を受け、本当に体調が悪そうな声を聞けば、「今日はゆっくり休みなさい！　あとはこちらで何とかしておくから」という正の感情を抱くことになります。

「欠勤は電話連絡」というルールが、お互いの良心を発揮させる仕組みになっているのです。

ステップ4 ▶ 具体的なルールを決める

「荒れている学校の校則」のようにならないよう注意する

基本方針を決定したら、そのグランドデザインに基づいて、労働時間や休日・休暇、懲戒処分、賃金などの各項目について具体的な内容を検討していきます。

「どうあるべきなのか？」と議論していく際、最初から就業規則のような文章になっている必要はありません。どんなルールがあったらいいのか、箇条書きで書き出してみます。

具体的なルールが決まっていったら、そのルールに複数の解釈がないよう、端的にわかりやすい文章に落とし込んでいきます。

このとき、「荒れている中学校の校則」のように 「あれをしてはダメ。これをしてはダメ」と、ダメダメばかりのルールにしないよう注意してください。

禁止行為で縛る発想ではなく、「良心がついつい発揮されてしまうルールは何なのか？」という視点で考えていきましょう。ルールを考えるとなると、「こうあるべき」という理想が増えてしまいがちですが、**できる限り「息苦しさ」を感じるルールは少なくしていきます。**

ステップ5 ▶ 従業員と一緒に考える

「理由もわからず一方的」という状態を見直す

就業規則の中には、「経営者が考えるべきルール」と「従業員で考えたほうがいいルール」があります。

労働時間や休日、処遇、賞罰などは、経営者の責任で決めるべき事

項でしょう。

　しかし、**服務規律のような具体的行動を定めるものは、幹部や管理職をはじめとした従業員とともに考えたほうが、より現実的に活かされ、パートナー関係構築へ貢献する就業規則になってきます。**

　特に、ベンチャー企業や中小企業であればなおさらです。

　というのも、ベンチャー・中小企業では、従業員と経営者の距離が近く、このようなプロジェクト自体が労使のベクトルを合わせて1つになるきっかけとなりやすいからです。

　従業員が自社の就業規則を読んだとき、しかめっ面になるのが服務規律の条文をチェックしたときです。

　服務規律とは、通常、社内秩序を維持するために、従業員に「やってはいけないこと、やるべきこと」を定めたものです。いくら良好なパートナー関係を構築する観点からつくるとはいっても、就業規則の性質上、「あれはダメ。これはダメ」と禁止事項を細かく書かないといけないこともあります。

　就業規則は端的でわかりやすい表現になっているので、なぜ禁止しているのか、その理由までは書いてありません。従業員側からすれば、経営者から理由もなく一方的に禁止事項だけを押し付けられているような感覚になります。

　そもそも人間は、誰かから自分の行動に制限がつけられることに拒否反応を示します。その理由がわからないとなれば、言うまでもなく拒否したくなります。

　そもそも就業規則を作成する過程において、「なぜ服務規律を作成するのか？」という重要なポイントが、抜け落ちてしまうことがあります。服務規律の目的にそのような行動を取ってもらわないようにするために、あらかじめ明示しておくことです。その目的からすると、意味がよくわからないルールを守ってもらうことは難しくなります。

　そこで、服務規律は従業員自身に関与してもらう形でつくるようにします。自らつくったルールであれば、その意味も理解することがで

服務規律に関する社内研修の例

① 「これだけは絶対にやろう」「これだけはやめておこう」というもの
　を思いつくだけ付箋に書く

② 各人が書いた付箋を出し合い、KJ法（＊）で同じようなものに分
　類し、それぞれに簡単なタイトルをつける

③ それらの内容について「どんな意図があるのか」を話し合う

④ 就業規則のような文章にしてみる

KJ法…文化人類学者の川喜田二郎が考察したデータをまとめる発想法。
　　　バラバラに存在している思いつきを整理して、ロジックを組み立て
　　　る手法。やり方は以下のとおり。

❶ 頭の中に浮かんだ思いつきを付箋などの小さなカードに書く。

❷ 同じカテゴリーに属するものをグループ化し、それ以上はまとめられな
　いというところまでグループ化する。

❸ それぞれのグループに集められたカードに書かれている内容をつなげ
　て思考をまとめ上げていく。

きますし、積極的に守ろうとします。

　このときのやり方ですが、少人数の企業であれば従業員全員参加で、人数が多い企業はプロジェクトチームを結成して、上図の流れで行います。服務規律作成の過程は、1つの社員研修の役割も果たすことになります。

　上記のような作成方法を提案すると、多くの人から「従業員にとって都合のいいルールになりませんか？」と質問されます。

　確かにそうなる可能性はあります。しかしながら、100％従業員の都合だけのルールになった例は、私は今まで見たことがありません。やはり、良心が働くので、人は100％自己中心的にはなれないのです。

　このようにしてできあがったあと、私は「例えば他社の事例ですけれど」と言い、雛形の服務規律を見せます。そして、「これを見て、自分たちがつくったものの中に足りておらず、必要だと思うものがあれば追加してください」と言います。

そうすると、一般的に必要と思われる服務規律はたいてい盛り込まれます。それでも抜け落ちるものや、経営者の意図と違うものが服務規律として盛り込まれれば、そのときは経営者が最終的に修正や追加をすればいいのです。

　従業員で決めたものが100％そのまま反映されるのではなく、経営者側で修正や追加があることを最初に伝えておけば、そこに文句を言う従業員はほとんどいません。

　「それなら最初から企業側でつくるのと同じではないか？」と思われた方もいるかもしれません。

　確かにできあがったものだけ見れば同じでしょう。

　しかし、**作成のプロセスが異なることで、就業規則に対する従業員の理解度、受け入れ度合いがまったく違います。**

　就業規則をつくる目的が単に形式的なもので、何か問題があったときだけ内容を確認して従業員に懲罰を与える役割であれば、このようなプロセス自体、必要ないのかもしれません。

　しかし、就業規則が良好なパートナー関係の構築に役立てるためのものならば、これらは重要なプロセスになります。

第 **4** 章

就業規則の作成・改定
実務上のポイント

総則

前文を書く

　就業規則の本文が始まる前に「前文」を付けている企業と、そうでない企業があります。

　「前文」自体は法律上、明記を定められたものではありませんから、必ず盛り込む義務はありません。

　ただ、私は常々「前文は書くべき」と考えており、ここに就業規則の目的をはっきり記していくことを企業にお勧めしています。

　具体例を挙げると、次のようなことを経営者自身の言葉で明確に文章にするのです。

> **就業規則は、労使が一体となって、1つの方向に進むために必要な、働く上、そして、この会社に所属する上で必要なルールを定めたものである。そして、1つの方向とは、「経営者も従業員もともに幸せになる」ということである。**

　つまり、経営者の利益と従業員の利益が相反することなく、同じ方向を向いて歩んでいくようにするのです。良好なパートナー関係を構築するために就業規則があることを、このような形で最初に宣言することで、経営者自身への心の誓いともしていきます。

　これからの時代は「大人の関係」が必要とされるわけですから、就業規則の最初でこう宣言しておくことは、とても重要です。

　正社員、パートタイマー、アルバイトなど、従業員を雇用形態によって区分している企業は多いと思います。

　非正規雇用の従業員数がそれなりに多い企業では、通常の就業規則とは別に「アルバイト就業規則」などを用意している企業も少なくありません。

　また、就業規則の中で、「この部分はアルバイト社員には適用しない」といった定めをしている場合もあります。

　このような場合に、パートタイマーやアルバイトの定義が明確でないと、「自分はアルバイトに該当するのか否か」など、雇用区分が不明確になり、無用なトラブルを引き起こします。**雇用の区分は明確に定義します。**

　例えば、ある企業の就業規則には、「アルバイト社員とは、正社員に比べて所定労働時間が短く、時給制で働く従業員を指す」と書いてありました。

　しかし、同社で働くAさんは、時給制だったものの正社員と同じ所定労働時間で働いており、仕事内容も正社員とほとんど変わりませんでした。そんなAさんが退職するとき、会社と関係がぎくしゃくしたのは言うまでもありません。

　Aさんは、「自分はアルバイト社員の定義に合致しないからアルバイトではない。したがって、正社員と同じように退職金がもらえるはずだ」と主張してきました。

　このケースでは労使間の話し合いによりことなきを得ましたが、もし裁判などに発展していたら、Aさんの主張が通った可能性も十分に考えられます。

　一方で、アルバイト、パートタイマーといっても働き方には多様性があり、ひとくくりに定義できない場合もあります。

　そこで、就業規則上では、それぞれの雇用区分の一般的な働き方を

記載しておきながら、「アルバイト社員とは、アルバイト従業員雇用契約を結んだ社員とする」と定義しておきます。そして、雇用契約書に「アルバイト社員雇用契約」と銘打った上で契約を結ぶようにします。

規定例

【従業員の定義】

第○条　この規則で従業員とは、本規則第○条に定める手続きを経て採用した次の者をいう。

①　正社員……第2号及び第3号以外の者で、労働時間、職務内容及び勤務地のいずれにも制約がない「正社員」の名称で雇用された者

②　契約社員……雇用契約期間の定めのある「契約社員」の名称で雇用された者

③　パートタイマー……「パートタイマー」又は「アルバイト」の名称で雇用された者で賃金が時給で計算される者

就業規則変更の可能性を示唆しておく

本来、「契約」は、お互いの合意のもとに締結され、その内容が変更されるときも同様に、お互いの合意のもとに変更されるべきものです。

就業規則は、一定条件を満たすことで「契約内容」とみなされますが、一般的な契約と少々異なり、**合理的な内容になっていれば企業が一方的に就業規則を作成できます。また、従業員に不利益な変更でなければ、企業が一方的に変更することもできます。**これが就業規則に対する基本的な考え方になります。

とはいえ、実際に就業規則の内容を変更することになった場合、それが従業員にとって有利な内容への変更であったとしても、「そもそも何を根拠に一度決めた就業規則を変更するのか？」という発想にな

ります。そこで、就業規則には、内容を変更することができる旨の根拠を定めておきます。

　根拠を定めるメリットは、実際に就業規則の変更が必要になり、従業員との対話が必要になったときに実感することができます。

　「就業規則は会社が一方的に作成・変更できるという大原則があるのです」といった理論で返すのではなく、「就業規則の○条に『変更できる』と書いてあるよね。だから変更するよ」と、変更の展開をスムーズにする糸口となるのです。

┤ **規 定 例** ├

【労働条件の変更】
第○条　会社は、法律の制定、改廃又は経営上の必要性等がある
　　場合は、この規則の内容を変更することができる。

採用

信頼関係がアンバランスであることを踏まえて対策を考える

　採用時は、従業員と企業の間に、まだ信頼関係ができあがっていません。

　その一方で、従業員の企業に対する期待や貢献意欲は最も高い時期ともいえます。

　特に中途入社する従業員の場合、「前職ではこういうところがうまくいかなかった。今回の会社では同じことがないように頑張っていこう」など、仕事に対する前向きな意欲がみなぎっているのが自然です。

　就業規則の採用に関する定めは、**「期待は高いが、信頼関係は低い非常にアンバランスな状態」** という独特の状況を踏まえて内容を考えていきます。

「信頼関係を築くために」という視点で提出書類の検討を

　「お互いの信頼関係を築きあげていくために必要な情報は何か？」という視点で、相手に求める提出書類を検討します。

　私が特に重要と考えるのが「誓約書」と「資格関係書類」です。

誓約書

　一般的に誓約書は大きく2種類あります。

　1つは、**秘密保持に関係する誓約書**です。就労にあたって、これから様々な秘密情報に触れることになります。それらの情報を漏らさないことを誓約してもらうのです。情報こそが企業の生命線である度合いが増してきている現在では、秘密保持の重要性も比例して高まって

います。

　秘密保持の誓約書は、本来的には3段階で取るのがベストです。

　1段階目は、採用時に今後触れるであろう秘密事項について包括して誓約してもらいます。

　2段階目は、何らかのプロジェクトなどに参画した場合に、そこで触れた秘密事項についてプロジェクト終了時に誓約してもらいます。

　3段階目は、退職時に今まで触れたであろう秘密事項について総括し、それについて誓約してもらいます。

　もう1つは、「この会社で誠実に働きます」という意気込みの誓約書です。

　とても抽象的な内容ですが、「これから、この会社の一員となり、皆と協力して良い成果をあげるのだ」という意識づけの儀式として非常に大切な誓約になります。

所有資格は証明書の原本確認＆写し提出がマスト

　その人を採用した理由が、業務上で必要な資格を保有しているからというケースも多いかと思います。

　にもかかわらず、採用時の実務では、履歴書の資格保有欄の記載等を鵜呑みにし、「その資格を本当に保有しているか」という確認を怠っている企業をよく見かけます。

　これは業務や通勤で自動車を使用する場合の運転免許証についても同様です。

　所有している資格等については、必ず証明書の原本の確認と写しを提出してもらうようにします。

必要書類は初出勤日前に提出してもらう

　入社する従業員に提出を求める必要書類は、今後雇用を継続するにあたって大切な書類が多く含まれています。前述の資格証明書類や運転免許証などが一例です。

　いろいろな企業の就業規則を見ていると、必要書類の提出期限を、

「入社後2週間以内」などと記載しているケースをよく見かけることがあるのですが、御社はどうなっているでしょうか?

　実際にある会社で、こんなことがありました。

　自動車を使用する業務で、ある従業員を採用しました。当然ながら、履歴書には「運転免許証あり」と書かれています。

　同社の就業規則では、「2週間以内に原本を提示し、写しを提出」となっており、運用面では、入社後、早いうちに所属長を経由して原本を確認し、写しを総務部へ提出してもらう流れになっていました。

　ただ、実際のところ、採用時の現場はバタバタしており、所属長も「早く原本を確認し、写しを提出してもらわなければ」と思いつつ、月日が経ってしまいました。

　働き始めてからしばらく経ったある日、その従業員が交通違反で捕まり、その際、無免許であることも発覚。結果として、その会社は無免許の人間に業務で自動車を何度も運転させていたわけです。

　このようなケースは珍しくありません。社会保険労務士という仕事をしていると同様の相談は何度も受けます。

　入社時に必要な書類は、働き始める前、つまり、初出勤日前に提出してもらうルールにします。従業員を管理指導する現場も、そのルールを守る意識を持つ体制にすることが重要です。

身元保証期間は最長5年まで。賠償額の上限の定めも必要

　身元保証書は、「企業と身元保証人との契約」です。「企業と従業員本人」との契約ではありません。

　「採用した本人の故意または重過失により企業側が損害を受けたとき、保証人が賠償責任を負う」といった一文を入れますが、損害のすべてを身元保証人に保証させることは難しいのが実情ということもあり、昨今では身元保証書の提出を求めない会社も増えています。

　とはいえ、従業員のモラルを維持する意味合い、あるいは、身分を偽る人や何か後ろめたいものを持っている人の採用を避ける意味合いで、身元保証書の提出を求めている企業もあります。

実際に身元保証書の提出を求める場合は、身元保証に関する法律や民法を踏まえて、次のようなことに留意する必要があります。

身元保証の期間

　期間を定めた場合は**最長5年**までとなります。なければ3年になります。

　なお、**自動更新の規定は無効**です。保証期間を更新する場合も、その期間は最長5年になります。

賠償額

　かつて賠償額については定めのない身元保証書が一般的でした。

　しかし、2020年4月以降は民法の改正により、**極度額（上限額）を定めることが必要**になっています。例えば、「極度額は500万円とする」「極度額は本人入社時の基本給の〇か月分とする」などです。

　また、身元保証書を厳密かつ有効に作用させるのであれば、以下のようなとき、本来であれば会社から身元保証人にその旨を速やかに通知する必要があります。

- 入社後に従業員の任務や任地が変更になったとき
- 業務上、不適切または不誠実な行動があり、身元保証人の責任が問われるおそれがあるとわかったとき　など

　しかし、実務上で上記のような運用を行っている企業はあまり見かけません。従業員の任務が変わったとき、身元保証人に連絡をこまめに入れている企業の話も聞きません。

　多くの企業では、身元保証書を「従業員のモラル維持」という意味合いで活用しているのが実態といえそうです。

　もし、賠償責任等の意図も加味したいのであれば、前述した身元保証に関する法律や民法を踏まえた身元保証書の提出を求めるとよいでしょう。

　ただし、その場合でも、裁判では損害額の全額を本人と身元保証人が負うことは少なく、企業側の管理責任や状況等も考慮し、裁判所が決定することになります。

【採　　用】

第〇条　入社を希望する者は、所定の選考を受ける際に次の書類を提出する必要がある。ただし、会社が特に認めた場合は、その一部を省略することができる。

【選考中】

①写真が添付された履歴書及び職務経歴書

②最終学校の卒業証明書及び成績証明書

③在留カードの写し（在留資格を有する外国人に限る）

④健康診断書（在籍校で証明を受けたもの又は自己の選択する医療機関で証明されたもの）

⑤健康に関する自己申告書（必要な場合）

⑥その他会社が必要と認める書類

【内定承諾後】

①入社誓約書

②身元保証書（独立の生計を営む保証人1名の署名）

③その他会社が必要と認める書類

2. 第1項の結果、社員として入社を決定した者は、次の書類を入社日までに提出し、所定の手続きを行う必要がある。ただし会社が認めた場合は、その一部を省略することができる。

①最終学校の卒業証明書

②最近3か月以内の健康診断書

③秘密保持等に関する誓約書

④業務に関連する保有資格認定書の写し

⑤住民票記載事項証明書の写し

⑥年金手帳

⑦雇用保険被保険者証

⑧個人番号（マイナンバー）カードの写し又はマイナンバーの記載

がある住民票記載事項証明書

⑨源泉徴収票（入社の年に給与所得のあった者に限る）

⑩給与所得の扶養控除等（異動）申告書

⑪通勤経路等申告書

⑫賃金の口座振込に関する同意書

⑬その他会社が必要と認める書類

3. 第1項及び第2項の提出書類中の記載事項その他身上に変更が
　生じた場合は、速やかに届け出る必要がある。

4. 第1項及び第2項の書類が未提出の場合、又は提出書類中の記
　載事項、その他身上に虚偽の申告若しくは面接時に不実の陳述
　をした場合は、会社は採用を取り消すことができる。

【身元保証】

第〇条　身元保証人は、独立の生計を営んでいる成年者であって、
本人の配偶者、父母、兄弟姉妹又はこれに代わる近親者の中か
ら会社が適当と認める者1名とする。ただし、これに該当する
者がいないときは、会社が身元保証人としてふさわしいと認め
た者を身元保証人とすることができる。

2. 身元保証の期間は5年間とし、会社が特に必要があると認めた
　場合、更新を求めることができる。

3. 社員が会社の規則又は指示を遵守しなかったことにより会社に
　損害を与えたときは、会社は身元保証人に対し、その損害の賠
　償を求めることがある。

身元保証書の受け渡しも「良心」が開花する場になる

　身元保証書は、採用される従業員経由で身元保証人に渡し、記名押印の後に返送してもらう「郵送」でのやり取りになるのが一般的です。

　ただ、これだと単に書類が行ったり来たりしただけで、本当に問題が起こったときに身元保証があまり機能しなくなります。もっといえば、問題発生の防止にも有効ではありません。

　身元保証書の受け渡しも「良心」が開花する場になります。一番良い方法は**「お互いを良く知る場面を設定すること」**、つまりface to faceの場として機能させることです。

　中小企業の中には、身元保証書は経営者もしくはそれに近い立場の人が、自ら身元保証人の自宅に出向き、「どんな会社なのか」「どんな仕事に就いてもらうのか」といったことを直接説明し、その場で相手にサインをもらっている会社もあります。

　このようなやり方は主流ではありませんが、まったく聞かない話でもありません。

　直接もらう方式には2つの狙いがあります。

　1つは、企業側の良心の芽生えです。

　例えば、従業員Aの身元保証人は母親で、Aを苦労して育て上げたことが経営者にわかったとします。すると、そこに情が湧いてきます。仮にAが積極的に仕事をせず、できが悪かった場合も、経営者や上司の対応が違ってくるのです。

　特段の情がなければ、「もっとしっかり仕事しろ！　この給料泥棒」という怒りの気持ちがこみ上げてきます。これは、「人件費という投資に見合った回収ができていない」という私心から来る怒りです。

　しかし、情があると、「あのお母さんに今まで迷惑をかけながら育ててきてもらったのだろう。ここで頑張って、お母さんを喜ばせてや

れよ」という気持ちが芽生えてきます。

　どちらも発する言葉は、「ちゃんとやれよ！」かもしれません。し
かし、言葉を発する元が違うのです。それが本人にも伝わりますし、
言葉の迫力が違ってくるのです。

　face to face は身元保証する側にも情を芽生えさせます。
　会社の人がわざわざ挨拶に来て、会社や仕事の内容を説明してくれ
れば、経営者や会社の考え方に理解を示してもらいやすくなります。
　Aが母親に、「仕事がうまくいかないから会社を辞めたい」と相談
したとしても、「あんな会社を辞めたらもったいない」「周囲の人に認
めてもらえるように、あなたが頑張りなさい」という発想になってき
ます。
　もし、これが書類だけのやり取りであるならば、そんなとき、「あ
なたがそんなにつらいなら辞めなさい」「そんな大変なところで働い
ても何の得にもならないから辞めてしまいなさい」という展開になっ
てしまうものです。

　身元保証人と face to face の関係をつくることは、新しく雇う従業
員のことを深く知るきっかけとなり、また、身元保証人が会社のこと
を深く知るきっかけにもなります。
　お互いの情を育むことで、経営者・上司と従業員の良い関係性や安
心・安全な職場、良心が発揮されやすい環境ができあがっていくはず
です。

試用期間

本採用の見送り（試用期間中の解雇）に関する注意点

　試用期間に関しては、法律で特に何かを定めているわけではありません。

　一般的には、従業員としての適格性や職務遂行能力などを評価判断するために用いられています。正式に雇用しても問題ないかを判断する期間であり、採用面接では判断できない勤務態度や仕事ぶりを実際に見た上で能力・適性を見極める期間です。

　試用期間中に従業員としての雇用が難しいと判断した場合は正式採用せず、雇用契約を解消することになります。

　このような契約を、聞き慣れない言葉になるかもしれませんが、「解約権留保付労働契約」といいます。「試用期間中に正式雇用が難しいと判断した場合は、留保されていた会社の解約権が行使され、契約が終了になる」という考え方です。

　雇用契約の解消は、法律的に考えれば解雇ということになります。したがって、正式採用に至らない場合は、労働基準法の手続きにのっとって解雇することになります。具体的には、30日以上前に正式採用しない旨を予告するか、解雇予告手当と呼ばれる平均賃金の30日分の金銭を支払って解雇するかのいずれかの手続きをします。

　試用期間中であっても解雇には変わりありませんから、そう簡単にできるわけではありません。 労働契約法に則り、客観的に合理的な理由を欠き、社会通念上相当と認められない場合は、解雇することができません。

ただ、通常の従業員を解雇するときと比べて、試用期間中の人を解雇するときのほうが、「社会通念上相当」と認められる幅が若干広いくらいの感覚を持っているとよいかと思います。

適性確認に時間を要す業務は期間雇用契約も検討する

法律の定めがない試用期間は、その長さについても特段の決まりがあるわけではありません。

ただし、試用期間中の身分は不安定ですから、例えば1年といったような長い期間に設定すると、民法上の公序良俗に反するとして無効とされる可能性があります。

実際に多くの企業を見た私の感覚からいうと、3か月から6か月の間で設定するのが一般的かと思われます。

しかしながら、特殊な業務に就く場合などで適性を見定めるのに時間がかかり、6か月を超えるような試用期間を設けたい場合もあるでしょう。その場合は**「試用期間」とせずに、当初は期間を定めた期間雇用契約（いわゆる契約社員）とし、問題がなければ更新時に正社員とするほうがいい**と私は考えます。

試用期間の途中でも解雇できるルールとしておく

実際の企業の就業規則では、時として、「本採用することが不適格と認めた場合は、試用期間満了日に解雇する」旨を規定しているものを見かけます。

これだけですと、どんなに勤務態度が悪い従業員がいたとしても、試用期間満了日までは解雇できない恐れがあります。**「試用期間の途中でも解雇ができる」旨がはっきりわかる規定にしておく**ことをお勧めします。

ダメな場合は即意思決定

試用期間中であっても雇用契約が締結されているわけですから、解雇するにあたっては、解雇予告手当等が必要なのは前述のとおりです。

しかし、法律では試みの使用期間中であり、かつ、14日以内に解

雇する場合は、解雇予告手当てを支払わずに即日解雇ができるとしています。

　したがって、例えば、入社当初から正当な理由のない遅刻が続くなど、あまりにも勤務態度が悪い事実があるならば、14日以内に解雇すべきです。解雇予告手当を支払わず解雇を可能とするために、就業規則に**「試用期間中で14日以内の解雇は解雇予告手当を支払わず即日解雇する」旨を定めておく**ようにします。

判断がつかない場合の延長規定を定めておく

　試用期間中に正式採用の可否が判断つかない場合は、試用期間を延長できる規定を定めておきます。

　これは、試用期間中に病気等で出勤日数が足りず判断できない場合や、能力が正式採用合格ラインギリギリのところにある場合を想定しています。

　しかし、このようなルールを設けることで、万が一、試用期間満了時に能力不足で従業員を解雇し、争いになった場合に、試用期間の延長規定があるにもかかわらず試みなかったことがマイナス要素になる可能性もあります。実際に定めるか否かは、自社の状況に応じて判断してください。

　個人的には、そうしたリスクを考慮した上でも、延長規定を定めたほうがいいと考えています。こうした規定は「人を育てる企業」という姿勢の表れでもあるからです。従業員に対して安心感を与え、信頼関の醸成を図ることにつながります。

―――――――――――――| **規定例** |―――――――――――――

【試用期間】
第〇条　新たに採用された者は、採用の日から6か月間を試用期間とする。ただし、会社が特に必要ないと認めた者については、この期間を短縮し、又は設けないことがある。
2. 会社は、社員としての適格性を判断するために必要と認める場

合、3か月を限度として試用期間を延長することができる。

3. 会社は、試用期間中に社員として不適格と判断した場合は、試用期間の途中、若しくは満了日をもって解雇することができる。

4. 試用期間は勤続年数に通算する。

「試用期間は育成期間」を労使の共通認識に!

　試用期間を「新入社員の能力を精査し、従業員として的確か否かを判断する」という一方的な期間から、「企業と新入社員、既存の従業員と新入社員の間で、良心を育む期間」と捉え直してみましょう。

　昨今では「オン・ボーディング」もはやっています。

　オン・ボーディングとは、新しいメンバーが会社に早くなじめるように、職場全体でサポートする一連のプログラムです。

　もともとは飛行機や船に乗るという意味のon-boardからきた造語で、「Welcome on board（乗ってくれてありがとう）」という気持ちを表す取組みでもあります。その目的は、職場コミュニケーションを円滑にすることで、早期の離職を防止したり、いち早く戦力になってもらうことです。

　こうした単に仕事だけの関係を超えるところに思いやりの心が発生し、結果として業績や生産性の向上につながっていきます。

　とはいえ、中小企業の場合、体系的なプログラムを実施するのは難しいかもしれません。

　そこで私がお勧めしているのが、試用期間満了時に試験を実施し、それに合格しなければ本採用しないルールをつくることです。そして、試験に合格するための支援者として先輩従業員とコンビを組ませます。二人三脚で試験合格を目指すようにするのです。つまり、本採用されるのは新入社員本人だけの問題ではなく、先輩従業員や企業との共通の問題にするわけです。

試験は形式的でなものはなく、試用期間中に真剣に取り組まなければ合格できないようなものにします。

　知り合いの社会保険労務士事務所では、「就業規則の内容を自分の言葉で説明できること」を新入社員の本採用の条件としています。

　就業規則の内容を説明するには、自社のルールをしっかり理解していないとできません。社会保険労務士事務所ですから、試験では「単に知っている」というだけでは許されず、「なぜ、そのルールがあるのか？」「そのルールの意図は何か？」と質問されます。それに答えることができないと合格しないのです。

　合格に向けて新入社員が勉強する際、先輩従業員は時に厳しいことを言いながらも、自分の仕事を脇に置き、残業までして新入社員に寄り添い、指導をします。

　このような時間をともにすることで、先輩従業員には「何とか早く一人前になってもらいたい」という情が生まれ、新入社員には「先輩が自分のために労力を使ってくれてありがたい。早く期待に応えよう」という情が生まれてきます。

　この情が良心を発揮させます。自分に後輩ができれば、同じように力を尽くそうと考えるのです。

　このような風土ができあがった企業は、職場が安心・安全な場となり、関係の質が向上していきます。

　アサヒビールでは、数十年も前から、ブラザーシスター制度として、上司・部下の関係ではなく、先輩社員が新入社員の面倒を見るプログラムが導入されています。ブラザー、シスターになる人は先輩社員の中からの公募だそうですが、定員を超える応募があると聞きます。「新入社員の頃に先輩に助けてもらった。だから、自分も後輩に同じようなことがしたい」という想いを持つ人が多いのだそうです。

　自分が受けた恩をその人に返すのではなく、次の世代の人に与えていくことを「恩送り」といいます。この「恩送り」が連綿と続く企業風土をつくり上げているのです。

服務規律

服務規律は防犯カメラ。監視カメラになってはいけない

就業規則の中に「服務規律」という項目があります。ここには、その組織に所属する者に求められる言動や慎まなければならない言動が明示されています。

多様な人たちの集団である組織では、価値観をすり合わせるためのルールづくりが必要になります。その目的は、組織の秩序を維持することで生産性や企業価値を高めたり保護することにあります。

ただ、服務規律を運用していくにあたっては、従業員1人ひとりが「人」としての存在を認められていたり、安全が担保されていることが前提になります。そうでなければ、従業員は前向きで能動的な力を発揮することができません。ハラスメントに関するルールも、そのために整備するのです。

つまり、会社や会社に関わる多くの人の安心・安全が担保されるために、「求められる行動」、「慎むべき行動」を示しておくのが服務規律の役割です。それを私は**「防犯カメラ理論」**と私は呼んでいます。

しかしながら、多数の企業の服務規律を見ていると、その目的から外れ、従業員の行動を管理するツールとなってしまっているように感じます。

服務規律は、後述する懲戒処分とリンクします。社内で何らかの問題が起きたことを受けて制限事項ができたり、禁止するルールが追加され、それらに反したら懲戒処分ができるようにしています。服務規律に違反するから懲戒処分となるわけです。

本来、服務規律は、同じ組織に所属する者たちの価値観をすり合わせるためにルールを守ってもらうことが目的です。それがいつしか、ルールが増えていき、服務規律の全体像を誰も把握できなくなります。

　経営者や人事部長でさえ服務規律の全体像を知らないという事態は珍しくありません。私の感覚では、人事部長がすべての服務規律を把握しているケースのほうが稀です。

　多くの企業では、社内で何らかのトラブルが起きた時に就業規則を引っ張り出してきて、「服務規律を読むとＸさんの今回の行動は○条のココに引っかかってるんだよ。アウトだね」と、懲戒処分をするための「監視カメラ」的ツールになっているのではないでしょうか。

　今や防犯カメラは、集合住宅のエントランスやエレベーターの中、駐車場、ゴミ捨て場など、至る所に設置されています。

　防犯カメラは、見るからにそれとわかります。犯罪を犯そうとしている人であれば、カメラに映らないように細工をしてから実行するのが普通です。

　となると、防犯カメラの意味合いは何なのでしょうか。

　おそらく、犯罪に走ってしまう出来心や弱い心を、防犯カメラがあることで抑えることだと思うのです。

　それに対して、監視カメラは、犯罪が起きたときに対処する目的で設置されます。したがって、一目でそれとわかるような場所に設置しません。

　例えば、エアコンの隙間に普通の人ではまったく気づかないような小型のカメラを設置しておきます。犯罪を犯そうという人は小型カメラの存在に気づきません。そして、実際に犯行が実行された後に監視カメラをチェックし、写っていた人を捕まえるのです。

　つまり、防犯カメラは、犯罪者を減らし、平和な街にするという社会共通の利益を守るのに対して、監視カメラは、犯罪者を捕まえることで、設置者の利益を守るために置かれているといえそうです。

皆さんの会社の就業規則は、「防犯カメラ」と「監視カメラ」、どち

らであるべきなのでしょうか。

　労使、顧客を含めたステークホルダー全体の最大公約数的な利益を守るためにつくるのか、それとも、経営者（株主）の利益を守るためにつくるのか。

　皆さんがオーナーであれば、どちらを選ぶこともできますが、いずれにしても働く人がいてこそ企業は利益を得られるわけです。働く人の立場になった時、「どちらの思想でつくられた就業規則の会社で働きたいと思うか」が重要になってきます。

　これから生き残る会社は前者の思想の会社でしょう。繰り返しになりますが、世の中全体の意識レベルが上がってくると大人同士の関係が求められるようになり、その根底として安心・安全な職場が必要となるからです。

従業員を巻き込んでつくる価値がある服務規律

　服務規律は大きく分けて次のような分類があります。

1）職務専念義務に関する事項
2）秩序維持に関する事項
3）信用維持に関する事項
4）施設管理に関する事項
5）情報管理に関する事項
6）安全衛生に関する事項
7）ハラスメントに関する事項

これらについて、

A）一般的に必要とされるもの
B）その業種独自で必要とされるもの
C）自社の文化や価値観の上で必要なもの

を考えて決めていきます。

　「A）一般的に必要とされるもの」「B）その業種独自で必要とされるもの」は、一般的な就業規則に定められている内容を、特段問題がなければそのまま規定しておけばよいかと思います。

ただし、自社の文化や価値観の観点から必要な「C）自社の文化や価値観の上で必要なもの」は、社内で検討のうえルール化する必要があります。

　では、実際にどのようにつくるのかですが、お勧めしたいのは従業員を巻き込んでつくっていく方法です。
　前述のとおり、服務規律はルール違反を取り締まるためのツールではなく、それが実行されれば長期的な労使の関係性が良き方向に運ぶものになっている必要があります。そのためには、**従業員に「自分ごと」として受け取ってもらうには、自ら作成に関わってもらうのが一番**なわけです。
　私が企業から就業規則づくりを依頼された際は、可能であるならば服務規律を社内の皆さんで考えてもらうようにしています。具体的には、第3章47ページで触れたKJ法によるワークショップを行っていきます。
　「みんなで『これはやろう』と思うことは何ですか？」
　「この会社で働いてる限り『これはやめておこう』と思うことは何ですか？」
　このようなことをカードワーク形式で質問をして、付箋にそれぞれの考えを書いてもらいます。
　その考えをみんなの前で発表し、同じような考えの付箋は1つにグルーピングをしていきます。こうして集められた従業員の考えを会社のルールとして落とし込んでいくのです。

　「従業員に服務規律をつくらせたら、自分たちに都合の良いルールばかりにならないか？」と懸念を抱く企業がありますが、実際にそのようになった例はありません。従業員にとって都合の悪いルールを除外する傾向が出てきた場合に、次のような対応を取るからです。

1）従業員の考えを盛り込んだ服務規律が完成した後に、「ちなみに他の会社ではこのようなルールを入れています」と言って、一般的

な服務規律のルールを従業員に渡す。

2)「他社の服務規律を読んで、自分の会社にも入れておいたほうが良いルールはありましたか？」と問いかける。

そのようにすると、従業員はより真剣に服務規律を再検討し、一般的な会社の服務規律に入っていて自社に入っていなかったものについて自ら補っていくからです。

それでも会社にとって必要なルールが付け足されない場合は、「会社側から求めるルール」として、不足事項を足していきます。

私の提案は「従業員だけで服務規律をつくり上げる」ということではないのです。「服務規律の作成に従業員が関わった」という事実を重要視しています。つまり、作成過程に関わることで服務規律が自分ごとになることが大切なのです。

「当たり前」と思えることも定めておく

服務規律には「当たり前」と思えるようなことも明記しておくことが重要です。人によって価値観は異なります。実際に困った言動があり、注意する時も、「ダメだからダメ」ではなく、「服務規律の○条にも書いてあるように禁止」と言えるほうが相手の納得性を得られやすくなります。

ここでは特に定めておくとよい事項をいくつか紹介します。

ネットワークビジネスなどの販売行為

社内でネットワークビジネスやネズミ講などを行うことの禁止を明記します。この規定は一般的ですので、多くの会社で定めていると思われますが、今一度、自社の就業規則に定めがあるか否か確認してください。

さらに、社内での関係性を利用した職場外での勧誘行為などを禁止する旨も定めておきます。

私が経験した例ですと、服務規律の禁止事項を認識している従業員が、退勤後に近くのカフェで、先輩である立場を利用して後輩の従業員に対し、勧誘行為を行っていたケースがありました。

このような事態も想定し、社内での禁止だけではなく、**「職場外においても会社内の立場、地位を利用してネットワークビジネス等を行うことを禁止する」**旨のルールを定めておくとよいでしょう。

従業員間及び取引先関係者との金銭の貸し借りの禁止

金銭の貸し借りは、返済が行われているうちは問題にならないかもしれませんが、滞った瞬間から人間関係を悪化させ、業務に支障をきたす恐れがあります。

同僚から金銭を借りるということは、経済的に相当困っている状況が考えられます。返済が滞る可能性も高いわけです。そうしたことで人間関係が悪化すると、組織全体に悪い雰囲気が漂うことになります。

従業員が借りる側になる場合だけでなく、取引先関係者から借金を申し込まれるケースもあります。その関係性から本人が断りきれず、金銭を貸してしまうこともあります。

こうした時も、「会社の規則で金銭の貸し借りは禁止されておりまして、私も懲戒処分の対象になってしまうので、申し訳ないですが、お貸しすることはできないです」と**断る理由をつくってあげることで従業員を守る**ことができます。

もちろん、ここでいっているのは、昼食時に財布を忘れた従業員が同僚から昼食代を借りる、といった日常的なものを禁止しているわけではありません。

交通法規の遵守

交通法規の遵守は、以前に比べてより厳密に社会から求められるようになってきています。

特に飲酒運転、あおり運転などは、問題が明るみになれば、企業自体も相当厳しく非難されます。場合によっては、業務上のことでなくても社名報道されることもあります。プライベートの交通違反であっても会社の信用失墜行為になる可能性が十分にあるわけです。

したがって、服務規律でプライベートも含めた交通法規の遵守を定

めておきます。

　なお、実際にプライベートの時間における交通法規違反があった場合は、必ず懲戒処分が可能なわけではなく、その程度や社会的影響度などを考慮して処分します。

従業員の引き抜き行為の禁止

　本人が転職を考えている際に、同僚も誘って一緒に転職することがあります。

　私が経験したものでは、総務部の従業員が自身は転職するつもりはないものの、学生時代の友人が起業した会社への転職を同僚に勧め、1年間のうちに10人中3人が転職した例がありました。

　実際のところ、従業員には職業選択の自由があるので、企業側が転職を止めることは難しいといえます。しかし、**転職の勧誘は会社の利益と相反する行為ですから、服務規律で禁止を定めておくようにしましょう。**

ハラスメント行為の禁止にも言及する

　セクシュアルハラスメント、パワーハラスメントについては、事業主が講ずべき措置が法律で定められています。それを踏まえ、就業規則上で禁止を明示しておき、違反がある場合は懲戒処分の対象となるようにしておきます。

　ハラスメントは、一度起きると社内に不穏な空気が流れ、当人はもちろん、直接関係のない従業員にも影響を及ぼします。単に禁止と規定するだけではなく、そうした行為が実際に起こらないように定期的な啓蒙活動が求められます。具体的には、研修をしたりポスターを掲示するなどして理解が深まるようにしていきます。

　また、実際に被害にあった場合、もしくは、疑わしい行為がある場合は、本人や周囲の人が相談できる窓口を設置し、SOSの声をあげやすい環境を整備することも大切です。

　相談窓口は総務部などにおくのが一般的ですが、場合によっては顧問弁護士事務所や顧問社労士事務所にその役目を担ってもらってもよ

いでしょう。コストはかかりますが、社外におくことで従業員は気軽に相談しやすくなり、安心・安全な場づくりに寄与します。

───┤ 規 定 例 ├───

【職務専念義務に関する遵守事項】
第〇条　社員は、職務専念に関する次の各号を守る義務がある。
• 勤務時間中は、私的な目的での通話、SNS、電子メール等の送受信及びインターネット利用等をしないこと。

【秩序維持に関する遵守事項】
第〇条　社員は、秩序維持に関する次の各号を遵守しなければならない。
• 会社施設内において、物品の販売又はネズミ講・マルチ商法・ネットワークビジネス並びに業務と関連のない勧誘・署名・宗教活動・政治活動等を行わないこと。また、会社施設外においても職場での地位、関係性を利用してこれらの行為を行わないこと。
• 従業員間又は取引先との間で、日常的な消費の範囲を超える金銭の貸借を行わないこと。

【信用維持に関する遵守事項】
第〇条　社員は、信用維持に関する次の各号を遵守しなければならない。
• 自らの退職に際して、他の従業員に対して引き抜き行為を行わないこと。また、知人、家族、親類などの利益のために引き抜き行為を行わないこと。

【情報管理に関する遵守事項】
第〇条　社員は、情報管理に関する次の各号を遵守しなければならない。
• 職務上知り得た会社の秘密事項及び他社の秘密事項については、在職中はもちろん退職後といえどもみだりに開示したり、業務

外の目的に使用したりしないこと。

- 第○号に定める秘密事項を、会社の許可なく収集・複製・撮影・持ち出ししないこと。
- 業務中又は会社の施設内並びに取引先等業務関係場所において、みだりに人物（本人・他の従業員・顧客等）又は商品、社内文書、施設・設備等を撮影しないこと。
- 会社の許可なく、職務上知り得た一切の情報（撮影した写真等を含む）について、ソーシャルメディア・マスメディア等を通じて公開しないこと。
- 会社が発行するパスワード、その他認証のための暗号等の管理に十分注意し、会社の許可なく第三者に教えないこと。また、会社の許可なくパスワードを変更しないこと。

【ハラスメントの禁止】

第○条　社員は、他の従業員（役員含む）の権利及び尊厳を尊重し、次の各号に掲げるハラスメント行為を行ってはならない。

- セクシュアルハラスメント

セクシュアルハラスメントとは、職場における性的な言動に対する他の従業員の対応により、当該従業員の労働条件につき不利益を与えるもの、又は性的な言動により従業員の就業環境を害するものをいう。この場合において、職場におけるセクシュアルハラスメントには、相手の性的指向又は性自認の状況にかかわらないほか、異性に対する言動だけでなく、同性に対するものも含まれる。また、本号における「他の従業員」とは直接的に性的な言動の相手方となった被害者に限らず、性的な言動により就業環境を害されたすべての従業員を含むものとする。

- パワーハラスメント

パワーハラスメントとは、職務上の地位や人間関係など、職場内の優位性を背景に、業務の適正な範囲を超えて、精神的・身体的苦痛を与える、又は職場環境を悪化させる行為をいう。なお、業務上又は職場秩序維持の観点からの必要に基づく言動によるものについては、本号のハラスメントには該当しない。

在宅勤務によって発生しやすいリスクの対策を!

　新型コロナウイルス感染症の影響から在宅勤務が一般的になってきたことで、新たな問題が出てきています。

　その中の1つが**情報漏洩**の問題です。

　家族と生活している空間で仕事をすることになれば、会社の情報に家族が容易に触れることができるわけです。

　従業員本人は、「仕事の内容について把握しているわけじゃないし、うちの家族に限って情報漏洩なんてするわけがない」と思うかもしれません。

　確かに悪意を持って家族が情報漏洩することは考えにくいことですが、警戒したいのは悪意なき情報漏洩です。

　事実、2011年に大手菓子メーカーの取引先に勤める父親が、自宅に試作品を持ち帰ったところ、高校生の娘が悪気なく、未発売の新商品の情報やCMに起用するタレントの名前をSNSに投稿し、問題になったことがありました。

　このような事態も想定し、在宅勤務時の情報の扱い方や、仕事をする環境において最低限整備したい内容などを、就業規則に定めておく必要があります。

　自分の家族を「問題を起こす対象」として見ることは心がとがめますが、万が一問題を発生させてしまった場合、家族全員が傷つくことになります。あらかじめ「魔が差さない仕組み」をつくっておくことが、結果として関係する多くの人を守ることになるのです。

仕事と生活がシームレスになる点にも配慮を

　在宅勤務が日常的になった企業では、企業側からも従業員側からも、「生産性の低下が気になる」という声が上がってきます。

【テレワーク時の服務規律】

第〇条　テレワークで勤務する者（以下「テレワーク勤務者」という）は就業規則第〇章第〇節の服務規律及びセキュリティガイドラインに定めるもののほか、次に定める事項を遵守しなければならない。

❶会社の情報及び書類並びに作成した成果物等を第三者が閲覧、写真撮影、コピー等しないよう最大の注意を払うこと。また、オンライン会議、通話に際しては、その内容が第三者をとおして外部に漏れることのないよう最大の注意を払うこと。なお、この規定において社員の家族も第三者とみなす。

❷公衆無線LANスポットなど漏えいリスクの高いネットワークへ接続しないこと。

❸勤務中は業務に専念すること。

❹第1号に定める情報、書類及び成果物は紛失、毀損しないように丁寧に取り扱い、セキュリティガイドラインに準じた確実な方法で保管・管理すること。

❺テレワーク勤務中は、会社が指定した場所以外で業務を行わないこと。

- 仕事と生活のメリハリが難しくなった。
- ついダラダラと仕事をし続けてしまう。
- 他の人の目がなくなり、つい自分に甘えが出て、インターネットの情報をチェックしながら仕事をしてしまう。
- 1分だけと思って見たYouTubeを、気がついたら30分も見ていた。
- 掃除や洗濯の延長で仕事を始めてしまい、仕事の延長で食事の準備を始めてしまった。
- 仕事中に家族が話しかけてくる。
- 仕事中に宅配便などの訪問者が来てしまう。

在宅勤務で仕事と生活の間に境がなくなるのはいいこともたくさんありますが、オフィスで働いていた時のような集中力が発揮できず、生産性が下がっているケースもよく耳にします。

こうした声を踏まえると、**生産性の低下に警告を鳴らす規定も必要になっている**といえるでしょう。

当然ながら服務規律にルールを定めるだけで解決できることではありませんが、「勤務時間中は業務に専念すること」「離席時は都度離席の申告をすること」など、自社に適したルールを制定しておきます。

規定例

【テレワーク時の始業・終業・休憩・離席報告】
第〇条　テレワーク勤務者は、会社指定のコミュニケーションツール・勤怠管理ツールにて始業・終業・休憩の開始及び終了並びに離席の報告をしなければならない。ただし、専門業務型裁量労働制の対象者又は事業場外労働におけるみなし労働時間制の対象者については、詳細な報告は要さない。

帰属意識の低下

人間は1人では生きていけず、何かに帰属する生き物だといわれます。

今までは、会社勤めをしている人であれば、何だかんだいっても、精神的に帰属しているのは会社、という人が多かったはずです。一番長い時間を過ごしている場所は会社であり、家族よりも長い時間をともに過ごしているのは同僚だったからです。

今後、在宅勤務中心の生活にシフトしていくと、帰属する場所は家庭や地域コミュニティに移っていきます。

そうすると、会社や同僚に対する心の結びつきが少し薄れてくることもあります。その結果、**今までルールがなくても信頼関係の中でや**

れたことが、できなくなってくる場面も当然出てきます。

　例えば、転職が決まった従業員による業務の引き継ぎなどがそうです。

　今までは退職時に、後任の担当者に迷惑をかけないよう、業務の引き継ぎをしっかりしようという意識が働いていました。

　しかし、会社への帰属意識が薄くなると、「転職先から早く出社するように要請されている」ということで、引き継ぎもままならずに退職してしまうことも起きてきます。自分の都合を優先する行動に走りがちになってくるのです。

　このような事態に対処するため、引き継ぎ義務や引き継ぎの定義などを就業規則に明確に定めることも必要となってくるでしょう。

　もっとも、在宅勤務が主流になっても帰属意識が低下しないように、普段から価値観の共有などをしっかりと行っておくことは言うまでもありません。

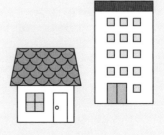

年次有給休暇

年次有給休暇は全員に付与される

　年次有給休暇（以下「有給休暇」という）は、6か月以上継続勤務した従業員には、**原則としてアルバイトや正社員などの雇用区分に関係なく全員に付与**されます。

　ただし、所定労働日数が少ない場合などは、日数に比例する形で、正社員より少ない日数の付与でかまいません。

年次有給休暇の付与日数

(1) 通常の労働者の付与日数

継続勤務年数（年）	0.5	1.5	2.5	3.5	4.5	5.5	6.5以上
付与日数（日）	10	11	12	14	16	18	20

(2) 週所定労働日数が4日以下かつ週所定労働時間が30時間未満の労働者の付与日数

	週所定労働日数	1年間の所定労働日数※	継続勤務年数（年）						
			0.5	1.5	2.5	3.5	4.5	5.5	6.5以上
付与日数（日）	4日	169日～216日	7	8	9	10	12	13	15
	3日	121日～168日	5	6	6	8	9	10	11
	2日	73日～120日	3	4	4	5	6	6	7
	1日	48日～72日	1	2	2	2	3	3	3

※週以外の期間によって労働日数が定められている場合

有給休暇は許可制にはできない

従業員が有給休暇を請求した場合には、原則その日に取得することが可能です。**本来、企業には、「有給休暇の取得を許可する・しない」といった選択をする権利はありません。**

とはいえ、まったく拒否できないとなると、事業に支障をきたすこともあり得ます。例えば、10人の従業員でシフトを組んでいる飲食店で、同一日に半数の従業員が有給休暇を請求したら、営業ができなくなってしまいます。

そこで、できる限り希望どおりに有給休暇を取れるように配慮したものの代わりの従業員等が確保できず、事業の正常な運営に支障をきたす場合に、企業は従業員から申請された有給休暇の取得日を変更することができます。これを時季変更権といいます。

「事業の正常な運営に支障をきたすのか否かを判断するのは誰なのか」ですが、これは経営者でも従業員でも労働基準監督署でもなく、裁判所が判断します。つまり、争いになってはじめてわかることです。

しかしながら、過去の判例等からいえることは、事業の正常な運営への支障というのは、かなり狭い範囲で判断されることが想像できます。

前述の飲食店の例でいえば、1人の従業員が有給休暇を請求した場合に、経営者が「うちはぎりぎりの人数でやっているから、休みを取られては事業が正常に運営できない」と言っても認められないでしょう。もしそのとおりだったのであれば、誰か1人が病気やけがで病欠してもお店を閉めることになってしまいます。それはオペレーションや経営のやり方に問題があると判断されるはずです。

以上のように、「事業の正常な運営に支障をきたす場合」というのは非常に限定的といえます。それでも就業規則には**「企業は時季変更権を行使できる」旨の規定を定めておくべきです。**その規定がないと、時季変更権の有効性が問われた時に問題が生じる可能性があるからです。

有給休暇の申請期限を定める

　前述したように有給休暇は企業の許可を求める事項ではありません。だからといって、いつでも自由に取れるとすると、事業の正常な運営に支障をきたすとはいわないまでも、分業化が進んでいる現代の企業活動においては問題が生じることが多々あります。

　その問題を最低限にするためには、事前に休暇の申告をしてもらうことが重要です。そうすれば、ある従業員に休まれることで事業活動に支障が生じる事態が想定されるとしても、社内調整により回避できる可能性が高まるからです。

　法律上、申請期限については、「有休休暇を取得する場合は○日前までの申請とする」といった定めはありません。しかしながら、私の経験上、前日もしくは2〜3日前としている企業が多い印象を受けます。このあたりは、業務内容や会社の事情などによって異なってくるでしょう。

　ただし、**有給休暇を取得させにくくするために、申請期限の日数を長くするのは労使の信頼関係を損なうため、やるべきではありません。**

　業種や従業員規模によりますが、業務への影響や同僚の従業員の負荷を最小限に留め、本人にも気兼ねなく有給休暇を取得してもらう意図であるならば、せいぜい1週間から10日程度前に申請をしてもらうのがギリギリのラインと考えます。

会社による年5日の時季指定義務

　有給休暇は原則として従業員側が請求する時季に与えますが、職場への配慮やためらい等から取得しないケースが散見されていました。

　そこで、2019年4月から、年10日以上の有給休暇が付与されているパートタイマーやアルバイトも含めたすべての従業員のうち、年次有給休暇を5日以上取得していない者（有給休暇の請求をしている者を除く）に対して、年間5日、企業側が時季を指定して有給休暇を取得させることが義務付けられました。違反した場合は罰則（対象となる従業員1

人につき30万円以下の罰金）もあります。

　つまり、**本人に取得の意思がなかったとしても、企業側で時季を指定してまで有休休暇を取得させる必要が出てきたのです。**

　実施にあたっては以下の点に留意しなければなりません。

1）使用者は時季指定にあたって従業員の意見を聴取しなければならない

2）できる限り従業員の希望に沿った取得時季になるよう、従業員の意見を尊重しなければならない

3）すでに5日以上の有給休暇を請求・取得している人に対しては使用者が時季指定できない

　つまり、会社は年間10日以上の有給休暇を付与されている従業員で、**年次有給休暇を5日以上取得していない者に対して、有給休暇の希望日を聞き、極力その意向に合わせながら有給休暇の取得日を個別に指定して取得させることになります。**

合理的に時季指定を行うこんな方法も検討を！

　法律とはいえ、各人に有給休暇が付与された日から1年間で5日間取得しているのか否かを追う→取得できていない人には希望を聞く→本人の意見を尊重しながら取得日を時季指定する……というのは、特に労務管理に人員を避けない中小企業では現実的ではありません。

　そこで、以下のように運用するのも一案です。

> **1.年次有給休暇は事業年度ごとに全員同じ日に付与する**
> 　**一斉付与方式とする**

　1.については88ページの解説を参照してください。

> **2.事業年度の開始時に対象従業員の取得日を確定させる**

　2.の場合は、事業年度が始まる前に対象従業員から希望日を出してもらい、原則的にはその希望に応じて取得日を確定し、会社の年間カ

レンダーに記してしまいます。

　仮に事業年度の途中で変更の必要が生じた場合は、申請により変更を可能にします。ある会社では、変更の場合は、原則2週間前までに申請するというルールで運用しています。

> **3.事業年度の途中で変更の必要が生じた場合は、事前の申請で変更を可能にする。**

　3.の場合で、ある会社では、2週間前までに本人の申し出により変更を可能としています。

　このようにすることで、個別の煩雑な管理をなくしていきます。
　あらかじめ有給休暇日が決定されていることは、従業員側も管理する側も仕事を計画的に進められるメリットがあります。

　ちなみに、時季指定義務といった法律が施行される前から、自社独自の取組みとして、毎年、全従業員に「リフレッシュ休暇」といった名称で長期休暇を取得させる制度を持つ企業があります。
　その企業関係者の話によると、「会社が『きちんと休みなさい』と促す休暇制度は、従業員からの評判がいいだけではなく、その家族からの受けがいい」とのことでした。
　「家族が毎年、平日に計画する長期旅行を楽しみにしている」と話す従業員も少なくないそうです。早期予約や平日限定のお得なプランで家族旅行や帰省ができる同社の取組みは、従業員のニーズにマッチしているといえるでしょう。

　「法改正によって義務化されたから粛々と進める」のではなく、企業と従業員、さらにその家族も巻き込んで、良好なパートナー関係を構築するために時季指定の休暇取得を促すことも検討したいものです。

年5日の時季指定義務の主なポイント

● **対象者**…年次有給休暇が10日以上付与される労働者

● **年5日の時季指定義務**…使用者は、労働者ごとに、年次有給休暇を付与した日（基準日）から1年以内に5日について、取得時季を指定して年次有給休暇を取得させなければならない。

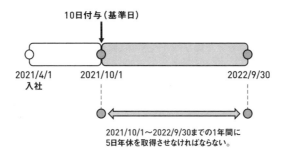

● **時季指定の方法**…使用者は、時季指定にあたって労働者の意見を聴取しなければならない。
また、できる限り労働者の希望に沿った取得時季になるよう、聴取した意見を尊重するよう努めなければならない。

● **時季指定を要しない場合**…すでに5日以上の年次有給休暇を請求・取得している労働者に対しては、使用者による時季指定をする必要はなく、また、することもできない。

出所：厚生労働省・都道府県労働局・労働基準監督署リーフレット「年5日の年次有給休暇の確実な取得 わかりやすい解説」をもとに作図

【年次有給休暇】

第〇条　会社は、毎年10月1日において、一定の要件を満たした社員を対象に次の表のとおり、年次有給休暇を付与する。

雇用契約開始日の翌日以降に10月1日を迎えた回数

雇用契約開始日の翌日以降に10月1日を迎えた回数	1回目	2回目	3回目	4回目	5回目	6回目	7回目以降
付与日数	10日	11日	12日	14日	16日	18日	20日

2. 第1項の「一定の要件」とは前年度1年間（採用初年度の場合は6か月間）の出勤率が80％以上であることとする。なお、採用初年度で雇用期間が6か月に満たない場合及び2回目の付与日で前回の付与日からの期間が1年に満たない場合は既定の期間に切り上げて考え、切り上げた期間は出勤したものとみなして出勤率を計算する。

3. 第2項の出勤率は、次の式により算定する。

出勤日数÷所定労働日数×100

なお、次の各号の期間は、出勤率の算定にあたっては出勤したものとして取り扱う。

①年次有給休暇取得日

②特別休暇取得日

③産前産後休暇

④育児、介護休業期間

⑤業務上の傷病による休業期間

⑥社員の責めに帰さない不就労日

4. 第1項にかかわらず、雇用契約開始日から6か月が経過した日が10月1日より前の場合は、その翌日を1回目の10月1日を迎えた日とみなして10日付与し、初めて10月1日を迎えた日を2回目の到来日とみなして11日付与し、以降は、本条第1項の

表に応じた日数を与える。

5. 付与された年次有給休暇が未消化の場合は、翌年度に限り繰り越すことができる。

6. 社員は、前日までに会社に所定の方法で届け出ることにより年次有給休暇を取得することができる。ただし、急病などやむを得ない場合、当日の始業時刻前までに電話連絡し、所属長の承認を得たときは、この限りではない。

7. 第5項にかかわらず、5労働日以上連続した年次有給休暇を取得する場合は、業務への支障を回避する観点から2週間以上前までに届け出るものとする。

8. 第6項、第7項にかかわらず、社員から請求された時季に年次有給休暇を与えることが事業の正常な運営を妨げると会社が判断した場合は、会社は年次有給休暇の取得日を他の日に変更することができる。

9. 年次有給休暇は、半日単位に分割して取得することができる。この場合、前半休と後半休の区切り時間は、休憩時間を除く始業時間からの実働時間が○時間になる時刻とする。

10. 会社は、年次有給休暇が10日以上与えられた社員に対して、付与日から1年以内に、当該社員の有する年次有給休暇日数のうち5日について、当該社員から意見を聴取し、その意見を尊重した上で、あらかじめ時季を指定して取得させるものとする。ただし、社員がすでに年次有給休暇を取得している場合においては、当該日数分を5日から控除した日数について前述の取扱いをするものとする。

11. 会社は、労使協定により、社員が有する年次有給休暇のうち5日を超える部分については、あらかじめ時季を指定して取得させることができる。

計画的付与制度も検討する

　企業が従業員に時季を指定して有給休暇を付与する方法と似たような仕組みで、**年5日を超える部分について、過半数代表者等と労使協定を結ぶことによって、会社が指定した時季に有給休暇を与えることができる計画的付与**という制度もあります。

　時季指定は、従業員1人ひとりから意見を聴き、その意見をできる限り尊重しなければならないのに対して、計画的付与は、労使協定で付与日を決めることができるので、個別に意見を聴く必要はありません。

　また、時季指定は年間5日分について時季を指定して付与するのに対して、計画的付与は本人が権利を有している有給休暇のうち5日を超える部分について計画的に付与することができるものです。つまり、5日分だけは各従業員が好きな日に有給休暇を取得できるようにして、それ以外のすべての有給休暇は労使協定であらかじめ取得日を定めてしまうことができるのです。

　計画的付与の具体的なやり方としては、以下の3つがあります。
①日を決めて事業場を一斉に休業する
　（例　年末年始などを有給休暇の消化で一斉に休む）
②部門や班別に交代で付与する
　（例　お盆休暇をA班B班に分けて交代で有給休暇の消化で休みとする）
③個人ごとに時季を定めて取得させる
　（例　夏休みは7月から9月の間に各人が3日間、有給休暇として取得する）

　なお、計画的付与により5日間の有給休暇が付与された場合、前述の時季指定の法律上の義務を果たしたことになります。したがって、夏休みや年末年始休暇などを有給休暇の計画的付与で休みにしている場合は、その日数が5日以上あるときは、新たに5日間の有給休暇を時季指定する必要はありません。

退職時にまとめての取得は生産的ではない

有給休暇に対する従業員の価値観は大きく変化しています。

私が社会保険労務士として仕事を始めた2002年頃は、従業員が有給休暇を100％消化することは難しく、実際に消化した従業員は社内で肩身の狭い思いをしていることも多く見受けられました。

しかし、現在の従業員の意識は「有給休暇の100％消化は当たり前」となっています。

少し前までは、そのような従業員に対して、「自分の権利ばかりを主張して、けしからん」とぼやく経営者の気持ちもわからなくもありませんでした。しかし、今そのような嘆きの言葉を聞くと、むしろ経営者のほうが世の中の価値観からずれているように感じます。

なぜなら、「有給休暇を100％消化する従業員＝会社への愛着がない、自分の権利ばかり主張する者」では決してないからです。時代の流れの中で、有給休暇を消化するのが当たり前の感覚になっているだけの話です。

したがって、退職時に残っている有給休暇をすべて消化してから退職するのも、特に若い人たちの感覚では当然のことです。

しかし、経営者からしてみると、退職前の従業員が出社せずに賃金だけ受け取っている状態に納得がいかないことも多いようです。

これからも貢献してくれる従業員であれば、休暇に賃金を支払っても、いずれ会社に利益が戻ってくると思えるので納得もいくのでしょう。しかし、退職する従業員の場合、有給で休みを与えたところで会社に利益が戻ってくることはありません。

その気持ちはわからなくもないのですが、法律上は退職する従業員に対しても有給休暇が認められているので、有給休暇を取らせないようにするテクニックというのは残念ながらないのです。

したがって、**普段からまめに有給休暇を取得させ、退職時にまとめて有給休暇を取られるような事態を避ける工夫をするべき**です。

そうすれば、有給休暇を企業の業務に有効活用することができます。

その1つの取組みとして、ある会社では、休日と休日の合間や年末年始休暇に連続させて有給休暇奨励日を設けています。そして、特別出社する必要がない場合は、有給休暇を取らせるようにしています。

　例えば、年末年始休暇が12月30日から1月3日の場合、納会のような企業全体での締め日を少し早めの12月27日に設け、特別な仕事がない人は、28日、29日は有給休暇で休むことを奨励しているのです。そのほか、ゴールデンウィークの前後にも有給休暇を取りやすくしています。こうした有給休暇奨励日の活用に関しては、自作のポスターを掲示するなどして啓蒙に励んでおり、8割以上の従業員が奨励日には有給休暇を消化するといいます。

　有給休暇を決まった日に強制的に取得させられるのは、心理的抵抗を覚える従業員が多くいます。しかし、前述の会社のように、**強制ではなく「奨励」**という、「会社はお勧めするけれど、決めるのはあなたたちだよ」と選択権を従業員側に委ねると、結果的に多くの人が自主的に取得していきます。

　このようにして有給休暇取得を強制されるような心理的束縛を回避することでも、従業員と企業との良好なパートナー関係を深めることができます。

　有給休暇の取得が進まない会社の経営者と話をしていると、共通しているなと感じることがあります。それは、年度の事業計画を定め、収支計画を検討する際、人件費の中に従業員が有給休暇を取得することが想定されていないのです。**人件費の予算化が不完全**なのです。

　人件費の見積もりが甘いまま収支を計画するものですから、従業員が有給休暇を取得すると利益率が下がり、心理的に受け入れにくい状態になっています。

　特に接客業やサービス業では、1人の従業員が有給休暇を取るために、その店舗に応援の従業員を割り当てる、つまり、有給休暇を取得した従業員の人件費と応援に入った従業員の人件費がダブルでかかってくる事態が起こり得ます。このこともしっかりと頭に入れて人件費を予算化しておくことが大切です。

また、実態に沿った人件費をベースにした上で、「利益を出すには
どれくらいの売上が必要なのか」「目標金額を達成するには、客単価
をどうするか」等を考え、商品やサービスの価格を決定していきま
す。

　もちろん、これはそんなに簡単なことではないと重々承知していま
すが、それにチャレンジできた企業に良い従業員が集まり、定着する
のではないでしょうか。

HRテックの時代の有給休暇のあり方

　HRテックとは、HR（Human Resources）とテクノロジーを掛け合わ
せた造語です。

　人事労務の分野も、テクノロジーの進化により、新たな管理ツール
がたくさん出てきています。それらにより、労働時間管理なども容易
になりました。

　一昔前までは、タイムカードから手作業で残業時間を拾っていまし
たが、今では瞬時に計算できます。この項目で解説した有給休暇管理
もかなり容易になっています。

　法律上、有給休暇は6か月以上継続勤務をしたときに付与すればよ
いのですが、中途入社が多い中小企業ですと、入社時期がバラバラで、
個々人で付与日が異なってしまいます。その結果、有給休暇の管理が
煩雑になってしまいます。

　それを避けるために付与日を10月1日など一斉にする（一斉付与方
式という）などの扱いをしている企業もあります。本書でも一斉付与
方式を前提で書いています。

　しかし、この場合でも、入社日から6か月経過時点では有給休暇を
付与しなければならないことには変わりがなく、10月1日が到来する
前に6か月が経過した場合はその時点で有給休暇を付与し、さらに10
月1日が到来した時点で次の有給休暇を付与する必要がありました。

極端な例でいえば3月に入社した従業員は9月に有給休暇が付与され、さらに翌月の10月にも付与されるようになります。これでは、有給休暇の保有日数があまりにも多くなってしまう点や、入社日による不公平が発生するなどの問題点もあります。

　しかし、HRテックが進んだ現在では、人によって有給休暇の付与日が異なっていても、管理することが容易になりました。そこで、一斉付与方式としている企業も法律どおりに6か月経過時に有給休暇を付与する方式に戻すほうが、公平性の観点からは、お勧めです。

　一方で、年5日の時季指定義務の観点から考えると、一斉付与したほうが管理しやすいともいえます。このあたりは、会社のスタンスによってどちらが適切かを考えるようにします。

　また、時間管理が容易になったということは、有給休暇の時間管理も容易になったということです。

　法律上は、有給休暇については原則は1日単位です。したがって、半日休暇や時間単位で与える必要はありません。しかし、労使協定を締結した場合に、年5日分については時間単位で取得することも可能としています。

　工場のラインで働いているような場合は、人が時間単位で抜けられては業務に大いなる支障をきたすので難しいでしょう。しかし、個人の裁量で仕事が進められる人の場合は、時間単位を認めることで働きやすい職場となることが考えられます。

　現在、クラウドの上のシステムなどで提供されている人事労務管理ツールでは時間単位の有給休暇も容易に管理ができるものが多いです。そのため、時間単位の有給休暇を認め、有給休暇の取得を促進するとともに、良好なパートナー関係の構築の1つの策とすることも大事だと考えます。

特別休暇

　企業では、年次有給休暇のほかにも様々な休暇制度を定めています。この中には、産前産後休暇のように「法律で定められているもの」と、慶弔休暇などのように「法律の定めがないもの」があります。

法律で定められている主な休暇（休業）

年次有給休暇　産前産後の休暇　育児時間　生理休暇

公民権行使の時間　育児休業　介護休業　子の看護休暇

介護休暇　母性健康管理のための休暇　裁判員休暇

法律の定めがない主な休暇

結婚休暇（本人の場合と家族の場合）

忌引き休暇（配偶者、子、父母、配偶者の父母、祖父母、兄弟姉妹までを
　　　　　　範囲としていることが多い）

出産休暇（配偶者が出産した場合）

　法律の定めがない休暇については、自社の考え、事業内容、カルチャーと合う休暇を工夫して定めてみるのもいいと思います。

　ただし、単に奇をてらうのではなく、休暇の目的をしっかり見定め、自社のカルチャーの醸成等に寄与するのかよくよく検討することが大切です。

ある会社には「**平日を楽しむ休暇**」がありました。これは月に1日平日に休みを取ることができる休暇で、「人が働いている時に休める」という優越感を味わうことを目的につくられたものでした。

　「どこへ行くにも混雑しておらず、週末にはできない役所の手続き等ができる平日休みって有難い」という人の心理を見抜いており、かつ、「ほかとはちょっと変わったことをする会社」という自社のあり方を示す、メッセージ性のある休暇だと感じました。

　また、ある会社では「アニバーサリー休暇」があります。従業員の誕生日に休める休暇制度がある会社はそれなりにありますが、同社の場合、「**何のアニバーサリーかを問われないアニバーサリー休暇**」になっているのが特徴です。

　誰にも自分なりの大切なアニバーサリーがあるのではないでしょうか。そのタイミングで休暇が取れるというのは、従業員の個を尊重するメッセージが伝わり、たいへん良い休暇制度だと思いました。

あいまいなルールがトラブルを招く

　特別休暇については、ルールがあいまいなばかりに不要なトラブルを引き起こしている例が時折見受けられます。

　特に以下のような観点からルールを定めておくことが重要です。

取得期限を設ける

　昨今は結婚といっても、式を挙げない人もいれば、新婚旅行に行かない人も増えています。挙式や旅行をするのが、実際に籍を入れた日からだいぶ離れている場合もあります。

　一般的に企業は、福利厚生的な意味合いで慶弔休暇制度を設けていると思われます。だとすれば、その意図に見合うように、期間的な制限などをつけておくことが望ましいといえます。

　ある経営者は、籍を入れて数年が経った従業員から、「自分は結婚休暇を使っていなかった。来月、旅行に行く予定があるので、結婚休暇として申請し、その休暇を使って旅行をしたい」と言われ、何とも腑に落ちない気持ちでいっぱいになったそうです。

ここまで極端ではなくても、特別休暇の意図に反した申請をされる例は珍しくありません。

　また、ある企業では、従業員から「父親の葬式の時に慶弔休暇を取得したが、あの時は2日間しか取らなかった。あと1日残っているはずなので、四十九日の法要で実家に戻る時に使いたい」と申請されたこともあります。

　もちろん、このような申し出を認めるか否かは会社の判断です。

　ただ、一定の制限を求めたいと考えるのであれば、必要に応じて期限等を定めておくとよいでしょう。

例

● 1回限り連続した休暇として取れること
● 結婚休暇の場合は、挙式もしくは入籍のどちらか早い日から起算して6か月以内に取得日を決めて申請しないといけないこと
● 弔事休暇は、葬儀に参列する目的での休暇であること

　反対に、弔事については、従業員が使いやすいように、通夜や告別式への参列だけでなく、初七日、四十九日等の法要時にも特別休暇を認めることも考えられます。

　この場合は、「初七日、四十九日等の法要に参列する場合に限り、分割した休暇を認める。このときでも取得日数は合計して〇日以内とする」等と定めておくとよいでしょう。

休日が絡む場合の日数の数え方を明確にする

　特別休暇の間にもともとの会社休日が入り込む場合の扱いも、あいまいにせず定めておく必要があります。

　例えば、5日間連続の休暇を認めている場合に、その間に土日の休日が含まれる場合などです。

　この場合、「休日も含めて5日間の休みが取れる」という意味なのか、それとも「休日とは別に5日間」なのか、どちらになるのでしょうか。

　もちろん、法律の決まりはありませんので、自社で定めることなる

のですが、**ルールがあいまいになっている企業では、時折トラブルに
なっています。**

　特に弔事の休暇については、判断が分かれるところです。この休暇
については、法事に参列するための休暇のはずで、従業員の休養のた
めの休暇ではありません。そうすると、参列日と休日が重なった場合
に新たに休暇を付与する必要がないと考えることもできます。

　もし、そのように考えるのであれば、**「特別休暇は暦日で計算し、
日数には休日を含めるものとする」**などと就業規則に定めておくこと
が重要です。

　**中途入社の従業員などは、以前の勤務先のルールが世間一般のルー
ルと勘違いしていることもあります**ので、就業規則にしっかりと定め
て誤解がないようにしておくことが重要です。

規定例

【特別休暇及び時間休暇】

第○条　社員は、次の各号の一に該当する場合は、特別休暇及び
　時間休暇を取得することができる。

名称	要件	日数
①夏季休暇	6月1日から9月30日の間	連続又は分割した任意の3労働日 (期間内に取得できない場合はその権利は消滅する)
②リフレッシュ休暇	勤続年数が以下に該当した日の属する年度の翌年度の1年間 ・5年・10年・15年・20年・25年・30年・35年・40年	勤続5年：3労働日 勤続10年〜40年：5労働日 ただし、付与年度中(10月1日〜翌年9月30日)に連続又は分割して取得し、繰越しは行わない
③結婚休暇	本人が結婚したとき	連続5労働日(入籍若しくは挙式日のいずれか早い日から6か月以内に取得できる)
	子が結婚したとき	1労働日(入籍日・結婚式の前後3労働日以内に1回に限り取得できる)

④忌引休暇	父母（義父母）、配偶者及び子が死亡したとき	5労働日
	祖父母、兄弟姉妹、孫が死亡したとき	2労働日
		取得期間は、死亡後10労働日以内とし、分割にて取得することはできない
⑤出産休暇	本人が出産のとき（産前産後休暇）	産前6週間（多胎の場合は14週間）産後8週間（なお、産後6週間までは法律の定めにより勤務することができない。また、その後は本人の希望があり、医師が認めた場合に限り働くことができる）
⑥育児時間	生後1年未満の子を育てる女性社員が請求したとき	1日2回、各々30分
⑦生理休暇	女性社員が生理日の就業が困難なとき	必要な期間
⑧公民権行使の時間	選挙権その他の公民としての権利を行使するとき	必要な時間
⑨裁判員休暇	社員が裁判員候補者、選任予定裁判員、裁判員、補充裁判員（以下「裁判員等」という）になったとき	裁判員等として職務を遂行するために必要な日数
		権利の行使又は公の職務執行を妨げない限り、請求した時刻を会社は変更することができる
⑩看取り休暇	子、父母、配偶者の看取りが必要なとき	2労働日（看取りが必要なとき、1対象者に1回限り取得できる）
⑪その他	火災、洪水、台風、地震などにより社員が罹災したとき	必要な期間
	その他特別な事由により会社が必要と認めた休暇	必要な期間

2. 特別休暇の取得を希望する社員は、事前に会社に申請し、許可を得る必要がある。ただし、第1項5号から9号については、許可を要せず、届出のみで休暇を取得できる。

3. 第1項第5号、第6号、第7号、第8号のときは無給とする。第9号のときは、裁判所から支給される日当が対象社員の平均賃金額に満たない場合のみ、その差額を支給し、その他の場合は無給とする。また、第11号のときはその都度定める。それ以外の休暇は、通常の給与を支給する。

4. 社員は、本条第1項第9号で休暇を取得する場合は、事前に裁判所からの呼出状の写し及び事後に職務遂行を証明する書類の写しを提出する必要がある。

自社のカルチャーと休暇を連動させる意識を持つ

　これからの時代は、今まで以上に会社のカルチャーや企業風土を大切にしていくことが求められます。

　カルチャーや企業風土は、成り行きに任せて自然とできあがるのを待つのではなく、企業側から戦略的に「良きカルチャー」「良き風土」となるように仕掛けていくことが大事です。

　その観点から、特別休暇制度も、単に「法律で定まっている」「他社もやっている」ではなく、「自社のカルチャーを体現するために何が必要なのか？」の視点で考え、制定していくことが大切です。

　そして、その休暇がカルチャーの体現とそぐわなくなってきた場合は、即座に改廃をすべきです（ここでは不利益変更の問題は言及しません）。

　例えば、ある企業では、従業員の家族に死が迫っているとき、会社に気兼ねすることなく、従業員がその家族のそばで過ごせるようにと、**「看取り休暇」** を新設しました。「最期の時間は是非、家族のそばにいてあげてほしい」という経営者の願いが込められた特別休暇です。

　私は、「みとりし」という映画のモデルになった看取り士の柴田久美子さんからお話を聞いたことがあります。

　看取り士とは、家族が最期の時を迎えようとしている人とゆっくりお別れができるようにサポートする職業です。

　柴田さん曰く、人は、逝く人の最期に時間をかけて寄り添えると、その人が懸命に生きた命を引き継いだような感覚になるのだそうです。反対に、そうした時間を持てずにお別れしてしまうと、心にぽっかり穴が開いてしまうといいます。

　特に、家族の末期に介護をしていた人は、「もっとしてあげられることがあったのではないか」「あの時、冷たくしてしまったことが気がかりだ」「もっと話をしたかった」といった想いを引きずってしまうそうですが、しっかりお別れの時間を持てた人は、悲しみをふっき

ることができるそうです。

看取り休暇は、「心にぽっかり穴が空くような想いを従業員にさせたくない」、そんな経営者の優しさからできた制度なのでした。社会の高齢化が進むにつれ、親の死に向き合う従業員がさらに増えていくことでしょう。私の個人的な意見ですが、看取り休暇の制度は、社会全体にもっと浸透させていく必要があると考えています。ぜひ、皆さんの会社でも導入を検討してください。

ペットの死亡でも忌引休暇の取得を可能に

看取りといえば、この会社には、ペットが亡くなった際に休暇が取れる**「ペット休暇」**の制度もあります。

ちょうど同社で就業規則改定の打合せをしているときに、常務取締役の愛犬が亡くなる出来事がありました。そのときの奥さまの取り乱しようがすごく、「自分がそばについていないといけないような状況だった」と常務取締役は話されていました。

役員自らの経験が、就業規則改定時期とあいまったのもありますが、「ペットも家族の一員」ということで、ペットの死亡時にも休暇を認める制度ができあがりました。

同社では、日頃から従業員はもちろん、その家族も大切にする家族主義のようなカルチャーがあります。看取り休暇やペット休暇はそのカルチャーを補強する良い休暇だといえます。

このように、その休暇制度が自社のカルチャーづくりに、どんな良い作用をもたらすのか考えてみます。そして、良い作用をもたらしそうだと判断したならば、実際に導入してみるとよいでしょう。

休職制度

その文言は本当に必要なのか?

　休職とは、従業員が一時的に就労できない、または就労困難な状態に陥った場合に、直ちに解雇して雇用関係を終了させるのではなく、一定期間就労を禁止または免除して解雇を猶予する制度です。

　一般的には、私傷病で業務に就けないときや、他社への出向などが考えられます。

　多くの会社で休職制度は導入されていますが、法律上の定めではありません。したがって、休職制度を採用しないことも法的には問題ありません。しかしながら、多くの会社で導入されているのには、それだけの理由があり、私も休職制度はあるべきだと考えます。

　就業規則を拝見していると、5社に1社くらいの割合で休職事由に**「従業員の本人の都合によるとき」**という文言が入っています。

　文面のまま読めば、休職する理由が、会社にとって休職に値するか否かという判断に関係なく、従業員が「自己の都合で休職したい」と申し出たら休職できる、とも読めます。「海外へ2か月、旅行してきます。自己都合です」と言えば、それも休職の対象になり得るということです。

　「従業員の本人の都合によるとき」と規定する必要性はあまり感じられません。大抵の会社には、最後に「その他会社が休職が必要と認めた場合」という規定があるので、何か事情があり、会社が休職が必要であると判断した場合は、この規定に当てはめて休職させればいいと考えます。

また、これも時々、就業規則上で見かける表現ですが、「〜になった場合は休職とする」など、条件に該当すれば、当然に休職になると誤解される規定になっていることがあります。

　休職は条件に該当すれば当然に適用されるものではなく、あくまでも会社が命じるものであることを明確にしておきます。

　これは、復職時も同様です。

休職に至るまでの過程を考える

　私傷病に関する休職については、通常欠勤が続くことを原因として休職を命じることが多いですが、この「休職までに至る欠勤期間」については、企業によりまちまちです。

　3か月程度の期間を設けているところもありますし、短いものでは14日程度としている企業もあります。仮に休職期間が1年とすると、前者は実質的に業務から離れることができる期間は1年3か月ということになり、後者は1年と14日です。

　何日が正解ということはありませんが、こうした休職者が複数名同時に出る可能性もあります。そのような事態を想定した上で、人員的余裕がない中小企業は特に**自社の体力を踏まえて適切な期間を設定してください。**

　なお、本書のモデル規程では欠勤期間を30日としましたが、こうしたモデル規程の例示に縛られることなく、現実的な日数を規定しておくことが大切です。これは後述する休職期間についても同様です。

欠勤が連続しない人をどうするか

　昔は休職といえば、けがで出勤できない場合が主な理由でしたが、最近では精神疾患によるケースが多くなってきています。

　けがの場合は治癒するまで欠勤が続くことが特徴ですが、精神疾患ですと、「1日休んで2日出社する」というパターンを繰り返したり、「毎日出社はするものの遅刻や早退が続く」、または、「毎日出社はするものの仕事にならない」といったケースもあります。

　本人は苦しみながらも、何とか出社してきているのかもしれません

が、出社やパフォーマンスが安定しないとなると、「顧客担当を任せにくい」「チームを組んでやる仕事を任せにくい」などの問題が出てきます。

　そこで、私傷病を理由に通常の労務の提供ができず、その期間が一定程度続く場合も休職を命じられるようにしておくことをお勧めします。

─┤ 規定例 ├─

【休職】

第○条　会社は、社員が次の各号の一に該当するときは、休職を命ずることができる。

①業務外の傷病等により、出社できない日が連続、断続問わず15労働日に及んだとき。

②出勤はしているものの、精神又は身体上の疾患により労務提供が不完全であるとき。

③社命により会社外の職務に従事するとき。

④その他前各号に準ずる特別の事由を有し、会社が認めたとき。

2. 第1項第1号の場合、欠勤の初日が不明瞭な場合は会社が指定した日とする。

3. 本人が第1項第1号又は第2号に該当する休職（以下、「私傷病休職」という）を希望する場合は、「休職願」に医師の診断書を添付する必要がある。この場合に生ずる費用は当該社員の負担とする。

4. 会社は第3項にかかわらず、会社が指定する医師の診断書の提出を求める場合がある。

5. 私傷病休職は、試用期間が満了した正社員に適用される。

6. 会社は、社員に休職を命ずる際は、休職理由、休職期間、休職期間中の社会保険料等の額及び支払方法等について記載した「休職命令書」を交付する。

休職期間はどのくらいの長さが妥当か

休職期間は企業によってまちまちです。

大手企業などですと3年といった長期期間としているケースも見受けられますが、中小企業ですと1か月程度としているところもあります。また、企業規模を問わず、勤続年数によって期間に差をつけているケースが多いです。

実際に休職者が出た場合に、自社がどこまで引き受けられるのかをよくよく考えてみることが大切です。仮に複数名休職者が出た場合、

- 残りの従業員で仕事をどれくらい分担できるのか。
- 自社内で対処するのが難しい場合、派遣社員で対応するのか。そのコストはどれくらいなのか。
- 新たに人を雇い入れることにした場合、休職者が復帰してきたとき、プラス1名となった人件費が大きな負担にならないか。業務量はプラス1名となった場合でも十分なものがあるのか。

実際に起きてみないとわからないことではありますが、それでもある程度はケースを想定した上で期間を定めるべきです。

私の私見では、**中小企業の場合、6か月程度、長くても1年くらいが現実的ではないか**と考えています。

休職を繰り返す人への対応

一般的に休職の規定は、1つの傷病について休職可能期間を定めています。つまり、病気が治癒して復職し、数週間働いた後に病気が再発した場合は、新たな休職として、長期にわたり仕事から離脱することが可能になります。

このようなことを避けるために、多くの企業では、同一傷病の再発の場合は、以前の休職と通算して1つの休職とみなす規定を設けています。

しかし、精神疾患での休職が多い最近では、前の休職時の病名とあとの欠勤時の病名が異なることなどもあります。精神疾患の場合は、その病気に至った原因が同じでも、医師によって診断の判断が異なる

場合もあるからです。

したがって、「同一傷病」だけに限らず、「類似の傷病」の場合も通算が可能な規定にしておくべきです。

さらに、昨今では短期間の間に休職を繰り返す人も見受けられます。

ある企業では、交通事故によるけがで6か月休職した後に、1か月勤務後、今度は精神疾患で5か月休職し、復職後に交通事故の後遺症で新たに休職、その後に再度精神疾患での休職となり、実質2年間にわたり、ほぼ出社しない状況が続きました。

本人には気の毒な面もありますが、企業としても、このような状態でいつまでも雇用を継続していくことは現実的ではありません。この間にも社会保険料の会社負担分は発生します。

このようなケースが起こるのは2つのことが考えられます。1つは、不幸にも働くことができない事情が連続してしまうケース。もう1つは、25ページの性弱説のコラムで述べた易きに流れてしまっているケースです。

前者の場合は人材活用の観点から、後者の場合は「易きに流れない仕組み」として、"一定の歯止め"をつける必要があります。しかし、これらに対処する規定を設けている会社はほとんどありません。

私は、**理由のいかんを問わず、1人の従業員が雇用期間内で休職できる期間の上限を定めておくべきだ**と考えています。

例えば、1つの事由における休職可能期間の倍の期間（1回の休職が6か月が上限の場合は12か月）とします。

「これでは従業員の不利益が大きいのでは？」と考えるのであれば、クリーング期間を設け、例えば、2年間休職制度を利用しなかった場合は、以前の休職期間はリセットされるなどのルールを設けます。

【休職期間】

第〇条 〜中略〜

6. 私傷病休職が複数回に及ぶ場合であっても、1人の社員が休職できる最長期間は2年とする。ただし、復職後、休職又は再休職せず、2年を経過した場合はこの限りではない。

復職を最終的に判断するのは主治医ではなく会社にする

　復職の判断については、会社がすることを就業規則で明確にしておくべきです。

　時折、「主治医が『復職してもいい』と言った」として、当然のように復職しようとする人がいます。しかしながら、休職同様、復職も会社が命じて決定するものとしておいたほうがよいでしょう。

　会社が決定する際の判断基準ですが、医師が復職可能と意見しているのであれば、それを完全に無視することはできません。

　そこで、**判断に迷うときは、会社が指定する医師の診断を受けてもらい、その意見も参考にできるルールをつくる**ようにします。

復職の条件は「休職前の状態に回復」ではなく「治癒」にする

　一般的に、復職は「傷病が治癒したこと」を条件とします。その治癒とは、傷病発症以前の職務で通常のパフォーマンスが発揮できる健康状態に戻っていることが前提です。

　時々、「休職前の状態に回復すること」としている例もありますが、いきなり休職するケースは少なく、休職前は徐々にパフォーマンスが落ちている状態だったケースがほとんどだと思います。

　したがって、**「休職前」と定義していると、休職直前のパフォーマンスの低い状態をベースに「復職の要件を満たしている」と主張される可能性があります**。

通常のパフォーマンスが発揮できる健康状態とは、所定労働日に所定労働時間働くことに支障がなく、そのような状態が継続されることだと考えます。

　したがって、「週に1〜2日は必ず欠勤する」「週に1〜2日は必ず遅刻や早退をする」という人は、通常のパフォーマンスが発揮できる健康状態とはいえません。

　復職時の混乱を極力避けたいと考える企業は、治癒の定義も就業規則に定めておくことをお勧めします。

規定例

【復　　職】

第○条　社員は、休職期間満了日までに休職事由が消滅したときは、速やかにその旨を会社に通知し、復職願を提出する必要がある。ただし、第○条第○項第○号の場合はこの限りではない。また、休職事由が私傷病による場合には、医師の診断書も提出する必要がある。この場合に生ずる費用は当該社員の負担とする。

2. 会社は、復職が可能と判断した場合は、復職を命じるものとする。その際、もとの職務に復帰させることを原則とするが、それが困難であるか、又は不適当である場合には、他の職務に就かせることができる。この場合、降給、降職、賃金を変更することがある。

3. 会社は第1項にかかわらず、会社が指定する医師の診断書の提出を求める場合がある。その場合、当該社員はその指示に従う必要がある。

4. 私傷病における休職事由の消滅とは、休職前に従事していた業務を健康時と同等程度に遂行できる状態が継続することを指す。

　本人から復職の申し出があった場合に、直ちに復職させるのではなく、トライアル出社をさせた上で可否を判断することも重要です。

　トライアル出社とは、毎日決まった時間に出社することや、長時間にわたり作業に集中することが可能なのかを判断するために"お試し"で出社してもらう制度です。

　特に、本人が復職を強く希望しているものの、会社側の見立てでは復職は難しいと考えている場合はトライアル出社で様子を見ます。

　実際のところ、このようなケースでは、会社の見立てが正しいケースが多いです。トライアルで決まった時間に出社することが難しいことを経験すると、本人が納得した上で復職を諦めることもあります。

　トライアル出社で気をつけたいのは、「労働」と捉えられないようにすることです。あくまでも、復職を判断するための復職前のトライアルなので、具体的な業務に就かせてはいけません。

　毎日決まった時間に出社してもらうことで、問題なく出社できるのかを判断する。復職したら業務を遂行する上での集中力に問題がないかを判断するために、仕事以外の作業をやってもらうのです。したがって、賃金も発生しません。

　トライアル出社で**業務に就かせせてしまうと賃金の支払い義務が生じますし、復職を認めたと判断される可能性もある**ので注意してください。

規定例

【トライアル出社】

第〇条　会社は、私傷病休職の場合において、復職前に会社が定めた復職プログラムに基づいたトライアル出社を行わせることがある。これは、業務ではなく、復職へのプロセスの1つとして行うものである。

治療と仕事の両立

　従業員の高齢化なども相まって、何かしらの疾病を抱え治療をしながらも働く従業員も増えています。

　例えば、がんも今では不治の病ではなく、治癒する確率も高くなりました。厚生労働省「国民生活基礎調査」(2016年)によると就労中のがん患者は男性約15万人、女性約21万人となっています。

　また、自分自身だけでなく、家族の健康上の問題を抱えるケースも増えてきます。

　そうした中で、治療と仕事の両立を図る従業員に対して、企業が配慮する姿勢を見せることが、今後の優秀な人材の確保において優位性を保つことになると考えます。

　治療と仕事の両立の問題に直面したとき、当事者が、「これからどのような働き方が可能なのか」に考えをめぐらすのは当たり前のことです。

　さらに今は、「そのとき、勤務先からどういった配慮があるか」という視点を持つ人が、高齢化に伴い昔と比べて格段に多くなってきています。

　「企業の配慮」となる具体的ルールとしては、次のようなことが考えられます。

①年次有給休暇とは別に治療のための特別休暇制度を設ける。

②身体への負担軽減のための時差出勤制度を設ける。

③短時間制社員制度を設ける。

④週4日勤務など出勤日数を減らした正社員制度を設ける。

⑤治癒後に再就職できるジョブ・リターン制度を設ける。

⑥時効で消滅した年次有給休暇を治療のための欠勤に充当できる制度を設ける。

このような具体的ルールは、就業規則の「別規則」として定めておきます。

　「そこまで差し迫った事態が現状ない」という場合は、「治療と仕事の両立に配慮する」「そのような場合の相談窓口を具体的に設ける」旨を規定に入れておくだけでも従業員の安心感に寄与するでしょう。

─┤ 規 定 例 ├─

【治療と仕事の両立】

第〇条　誠意をもって働く意思があるものの継続的な病気の治療が必要となり、所定労働時間のすべてに働くことが困難な社員は、治療と仕事の両立を会社に申し出ることができる。

2. 第1項の申出は、総務部内の相談窓口に申し出るものとする。

3. 第1項の申出があった場合、会社は、当該社員の事情と会社の状況を鑑みて、職種、担当業務内容、勤務時間等の変更が可能であるか検討するものとする。

　なお、別規程として作成する場合は、神奈川県産業保健総合支援センターのサイトにある「治療と仕事の両立のための就業規則　規程例集」が詳しいので、こちらをぜひ参考にしてください。

https://www.kanagawas.johas.go.jp/files/libs/1407/2019090216164172
22.pdf

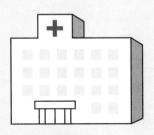

労働時間

労働時間を適当に決めない

　様々な企業の就業規則を見ていますが、1日の所定労働時間は各社各様で、じつにバラエティーに富んでいます。

　始業時刻や終業時刻、休憩時刻もバラバラです。1日の所定労働時間が8時間の企業もあれば、7時間の企業もあります。

　以前、1日の所定労働時間が7時間32分など、分単位で決まっている会社があることを知り、たいへん驚きました。おそらく労働組合との交渉で決まった時間なのでしょう。

　ちなみに、休日数も、年間105日、123日、130日など、様々です。

　私は、就業規則の改定の依頼を受けた企業に、「なぜ、その時間なのですか？」と質問することがあります。このとき、多くの企業から明確な回答は得られません。

　企業経営の歴史の中で様々な要素が加わり形成されてきたものなのだと思います。しかしながら、「安易に決めている企業も多いのではないか」と私は確信するかのように想像しています。

　事実、経営者が創業前に勤めていた大企業の労働条件を自社にも取り入れたことによって、経営を圧迫したケースもあります。

　その会社の1日の所定労働時間は7時間で、7時間を超えて働いた場合に割増賃金を支払っていました。休日は年間125日ありました。

　この労働条件で問題が起こらなければいいのですが、創業して5年目、経営が苦しくなり、私のところへ相談にいらしたのです。

　法律上は完全週休2日制であるならば、1日8時間まで労働させる

ことができます。割増賃金も1日8時間を超えて働いた部分に支払えば問題ありません。

　もっとも、法律上の最低の条件で良好なパートナー関係を築けるのか否かの問題は残ります。

　しかし、上表に示した**法律上の最低条件を知った上で、自社の体力などを勘案しながら労働条件は設定する**べきです。

　特に、労働時間や休日数は重要な労働条件ですから、一度決めると後から従業員に不利益となるように変更するのは容易ではありません。

　もしスタートアップの企業であれば、法律上許される上限で所定労働時間を設定し、極力残業を少なくするのが誠実です。

　前述した企業も、結局は従業員に何度も説明し、同意をもらった上で、賃金のベースアップを図りながら、複数年かけて段階的に1日の所定労働時間を8時間に延ばしました。

　仮に現状の労働時間や休日が特に戦略なく法律より緩い条件になっており、それが経営上の大きな問題を抱えているならば、考え直す必要があります。

　ただし、従業員にとって不利益となる変更は、基本的に全従業員から個別の同意を得る必要があります。賃金のベースアップ、他の部分で等価となるような労働条件の改善などと引き換えに同意を得ることも検討しないといけません。なかなかハードな交渉になると思います。

　経営が圧迫されるほどの大きな問題を抱えていないのであれば、法

律以上の労働条件は、優秀な人材の確保、雇用維持の武器として最大限活かせるようにアピールすることを検討したほうがよいでしょう。

労働時間の原則的な考え方

労働時間は、**1週間40時間、1日8時間の範囲内とするのが原則**です。

「原則」と書いたのは、常時10人未満の従業員を使用する商業、映画・演劇業、保健衛生業、接客娯楽業については、1週間44時間、1日8時間の範囲内と緩和されているからです。

また、変形労働時間制のように特別な時間制度を組むこともできます。変形労働時間制などについては後述します。

一般的には上記の範囲内で所定労働時間を決め、就業規則に始業時刻と終業時刻を定める必要があります。

例えば、休憩時間を1時間はさみ、「始業時刻は9時、終業時刻は18時」のような形で定めます。

繰り上げ・繰り下げができるようにする

前述のとおり始業時刻と終業時刻を定めるわけですが、時間を変更する必要が出てくるケースがあります。

例えば、建設業で現場の工事が夕方からしか行えないために、その日は15時に現場集合とするような場合です。

始業15時、終業24時としたい場合、企業側で一方的に変更を命ずることが可能か否かですが、就業規則にその旨の定めがあれば、それを根拠に始業時刻と終業時刻の変更を命令することができます。

就業規則に定めがない場合は、始業・終業時刻の変更を必要とする従業員から個別に同意を取っていくことになります。

変更のたびに同意を取る作業は煩雑ですから、あらかじめ就業規則に繰り上げ・繰り下げができる旨を定めておくべきです。

労働時間が6時間ぴったりであれば休憩なしでも問題ない

休憩時間は、6時間を超える労働の場合は45分、8時間を超える労働の場合は60分を業務の途中に与えなければなりません。

つまり、**労働時間が6時間ちょうどならば休憩を与える必要はありません。同じく8時間ちょうどならば45分の休憩でかまいません。**また、休憩は分割して与えてもかまいません。

例えば、所定労働時間7時間の会社では休憩を45分としておき、残業する場合は別途15分の休憩とすることもできます。

休憩は「一斉に与える」のが原則

法律上では、休憩は、次の業種・業態を除いて、全従業員に一斉に与えるものとしています。

一斉休憩の適用除外の業種・業態

運輸交通業、通信業、商業、保健衛生業、金融広告業、接客娯楽業、映画・演劇業、官公署

しかし、現実は、上記に該当しない企業でも昼休み中に顧客から連絡がある可能性もあるため、電話当番を置いたり、企業によっては休憩は従業員が自分の判断で業務のキリがいい時に取ってもらうようにしている場合もあります。

そのような場合は、**一斉休憩適用除外の労使協定**を結びます。この協定については労働基準監督署への届出は不要です。

休憩時間は就業規則に定めておいたほうがいい

法律上では、就業規則に休憩の具体的時刻を定める必要はなく、与える時間だけを定めれば問題ありません。

しかしながら、運用上は具体的な時刻を指定して記載しておくほうが現実的です。例えば「12時から13時まで」などです。

また、一斉休憩ではない場合も「11時から14時までの間に60分」などと定めておきましょう。

一斉休憩の場合は、始業・終業時刻同様、会社が繰り上げ・繰り下げできる旨を就業規則に定めておくほうがよいでしょう。

　労働生産性を考えるとき、休憩時間はとても大切な要素です。

　とはいえ、休憩時間を安易に定めている企業が多いのが実情です。「正午から60分」としている企業の多くは、それを生産性が最大限に発揮できる休憩時間として定めたのでしょうか。

　特に都心で勤務している場合、テレワークによってオフィス街の人出が減ったとはいえ、ランチタイムの飲食店は、どこのお店も混雑しています。「オフィスからの移動時間も含めると、入店するまでに20分超かかる」といったケースもざらです。

　混み合うお店で慌ただしく食事が提供され、急いで食べてお店を出ていく。オフィスに戻ったら、すぐに仕事を開始する。そうした休憩が、従業員の生産性向上にプラスに働くとは思えません。

　このような場合、**休憩時間を11時30分や12時45分など、少しずらしたらいかがでしょうか**。たった30分程度ずらすだけで、ゆったりとしたランチタイムを過ごすことができます。

　そもそも8時間労働で休憩が昼に1回60分だけの場合、それ以外の時間は本当に仕事に集中しているのでしょうか。

　人間は、長くても2時間程度が集中の限度といわれています。ということは、会社が休憩時間と定めていなくても、多くの従業員は勝手に集中力を切らして休憩していることになります。

　それならば、昼休憩を40分にして、午前と午後に10分程度休憩時間を定め、一息つかせるようにしたほうが適切な労務管理といえる気がします。

　なお、法律では8時間超の労働について60分の休憩を与えればよく、それ以上の決まりはありません。つまり、**60分超の休憩を与えることも問題ではありません**。

　例えば、昼に60分の休憩を与え、午前と午後に15分ずつの休憩を与えることとし、9時間30分の拘束時間（労働時間8時間＋休憩1時間30

分）とすることも可能です。

　ただし、現状9時間拘束を9時間30分拘束とする場合は、不利益変更の問題も絡んできますから、丁寧な説明を心がけた上で従業員の同意を得るようにしてください。

始業・終業時刻をよりフレキシブルに

　工場のラインのように一斉に業務を開始しないとできない仕事は別として、オフィスワークであれば、始業時刻や終業時刻を本人の選択制にすることも、これからの時代は必要になってきます。

　「通勤ラッシュの混雑を避け、早い時間に通勤したい人」「朝にスポーツジムで汗を流してから出社したい人」「午前中の顧客との打合せの最終確認をしたくて、その日に限っては朝早く出社して仕事をしたい人」。こうした様々なニーズをふまえて、各自で判断して始業時刻を選択できるようにします。

　例えば、

- 始業時刻は標準の9時以外に7時、7時30分、8時、8時30分、9時30分、10時の中から選択することができるようにする。
- 標準時間以外を選択する場合は、直前の所定労働日の終業時刻前に所属長に申請し、許可を得るものとする。
- 同一時刻を固定的に選択する場合は、1か月単位で選択することができるようにする。
- 選択勤務時間が認められた場合は、再度所属長の許可を得ないとその時刻を変更することはできないようにする。

　始業・終業時刻は、従来の考え方にとらわれず、もっとフレキシブルに考えていきたいものです。

　次ページに示した規定例は一案ですが、参考にしていただければと思います。

オフィス勤務と在宅勤務で始業時刻を変える

　先日、就業規則の改定依頼を受けた企業で、従業員インタビューを行っていたところ、「新型コロナウイルス感染症関連で在宅勤務となったのはいいが、始業時刻が出社時と同じ午前10時だと時間を持て余すので、どうにかならないか？」という相談を受けました。

その従業員の場合、出社するのであれば、午前10時の始業はちょうどいい時間帯でした。ただ、出社しない場合、この通勤分の空き時間では、家事や趣味に使うには短すぎて、有効活用できないとのことなのです。「在宅勤務時は午前9時始業にできるといい」とのことでした。

　これに近い声を、様々な企業の従業員から聞くことができました。

　在宅勤務と会社に出社しての勤務が混在するような企業では、複数の勤務時間のパターンの中からいずれか1つを自由に選択できる**「選択勤務」を認める**ことも検討に値します。

　選択勤務の運用が難しい場合でも、**オフィス勤務時と在宅勤務時の始業終業時刻に差を設ける**ことも、安心・安全な場づくりの1つの手立てになるでしょう。

規定例

【選択勤務時間制度】

第〇条　第〇条の始業・終業時刻にかかわらず、社員は自らの選択により始業及び終業の時刻を以下の中から選択することができる。

パターン	始業時刻	終業時刻
A	7時00分	16時00分
B	7時30分	16時30分
E	9時30分	18時30分
F	10時00分	19時00分

2. 第1項の選択勤務時間制度で働く場合は、直前の所定労働日の終業時刻前までに会社に申請し、許可を得る必要がある。

3. 第2項の定めにより一度許可された勤務時間帯は、変更することはできない。ただし、変更にやむを得ない事由があると会社が判断した場合はこの限りではない。

4. 会社は、業務の都合又はやむを得ない事由があるときは、選択勤務時間制度の適用を認めないことができる。又、許可を取り消すことができる。

　労働基準法では、労働時間は1週間40時間、1日8時間の範囲内で日々の始業終業時刻を定めることが原則ですが、例外的な働き方ができる制度も設けています。

　こうした制度の特徴を理解し、戦略的に活用することでも生産性の向上と良好なパートナー関係の構築につなげることができます。

1か月単位の変形労働時間制

　変形労働時間制とは、一定期間を単位として、その期間内の所定労働時間を平均して1週間あたり法定労働時間（原則は40時間。例外的な事業等がありますが、それらの説明は本書では割愛します）以内であることを条件に、1日及び1週間の法定労働時間を超える所定労働時間を定めることができる制度です。

　その期間が1週間以内か、1か月以内か、1年以内かにより法律上のルールが異なります。本書では多く活用されている1か月単位の場合と1年単位の場合を説明します。

　1か月単位の変形労働時間制は、1か月を上限とした一定の期間内を平均して1週間あたりの所定労働時間が40時間以内であれば、**1日8時間を超える所定労働時間を設定したり、1週間40時間を超える所定労働時間を設定したりしても法律違反にならない制度**です。

　例えば、1日の所定労働時間を6.5時間とする代わりに、休日は日曜日だけという週を設定することも、この制度を利用することにより可能となります。

　また、シフト制の勤務で日によって所定労働時間の長さがまちまちであり、1日10時間労働の日もあれば、6時間労働の日もある場合などもこの制度を利用することにより法律違反にならなくなります。

　平均して1週間あたりの所定労働時間が40時間以内とは、次の計算式によって計算された範囲内となります。

> 1週間の法定労働時間×変形期間の暦日数（1か月以内）÷7日

つまり、1か月を単位とした場合は下表のとおりとなります。

1か月の暦日数	労働時間の上限
31日	177.1時間
30日	171.4時間
29日	165.7時間
28日	160.0時間

1か月単位の変形労働時間制の導入要件

　1か月単位の変形労働時間制を導入するためには、就業規則または労使協定で一定の事項を定めることになりますが、多くの企業が就業規則で定めています。

　企業側からしてみれば、就業規則のほうが企業側で策定できるので、あえて労使協定で定める理由がないためと思われます。

　1か月単位の変形労働時間制を採用するにあたっては以下の4つを定める必要があります。

①変形労働時間制を採用する旨の定め

②変形期間を平均して週間あたりの労働時間が週法定労働時間を超えない定め

③変形期間の各日・各週の所定労働時間及び始業・終業時刻

④変形期間と起算日

　③については、各日・各週の労働時間を具体的に定めておかなければなりません。「シフト表により決定する」といった抽象的なものでは認められず、始業及び終業の時刻を具体的に定める必要があります。

　しかしながら、飲食店のように毎月シフト表で労働日や労働時間が決まるような場合は、就業規則上に具体的な特定ができません。そのような場合、厚生労働省は行政通達で、変形制の基本事項（変形期間、上限、勤務パターン等）を就業規則で定めた上で、各人各日の労働時間を勤務表等によって特定していく方法を認めるとしています。

つまり、**就業規則で1か月の所定労働時間の上限とシフトパターンに加えて、いつまでにシフトを決定するのかを明示すればいい**ということです。

1か月単位の変形労働時間制は工夫次第で様々な活用ができる

　変形労働時間制は全従業員を対象とせず、特定の部署などを対象とすることもできます。

　企業によっては、月内で業務量に繁閑の差が激しい部署などもあります。

　例えば、経理部門は毎月月末から月初が忙しいという場合、**月末から月初の所定労働時間を9時間にする代わりに、月の半ばについては7時間とするなどということも可能**です。

　また、昨今は正社員であっても週5日勤務にこだわらない企業も見受けられるようになってきました。週休3日とする代わりに、1日の所定労働時間を10時間とするなどという企業もあります。

　このような場合には1か月単位の変形労働時間制を活用しないと、週の所定労働時間は40時間と法律の範囲内ですが、1日で見た場合は8時間を超えているので、毎日2時間の時間外労働が発生していることになってしまいます。

規定例

【1か月単位の変形労働時間制】

第○条　○○部門に所属する社員の労働時間については、第○条の規定にかかわらず、毎月○日を起算日とした1か月単位の変形労働時間制を採用し、1か月を平均して1週間あたり40時間以内とする。

2. 変形期間における勤務日と勤務日ごとの始業及び終業時刻並びに休憩時間は以下の組み合わせにより毎月シフト表にて決定する。

シフト名	始業時刻	終業時刻	休憩時間
Aシフト	10時00分	21時00分	14時00分〜14時30分 15時30分〜16時00分
Bシフト	11時00分	22時00分	14時30分〜15時30分
Cシフト	18時00分	22時00分	なし

3. 第2項のシフトは、各月の起算日の1週間前までに決定し、社員に示すものとする。

1年単位の変形労働時間制

　1年単位の変形労働時間制は、業務に繁閑のある場合で、繁忙期には長い労働時間を設定しながら、閑散期は短い所定労働時間を設定して効率的に労働時間配分をすることで、年間の総労働時間を短くすることを目的とした制度です。

　例えば、税理士事務所などは確定申告時期の2月3月が一般的に繁忙期です。この時期については1日の所定労働時間を9時間としつつ、7月8月は7時間とすることも検討できます。

　1か月を超え1年を最長とした一定期間内で1か月単位の変形労働時間制同様、**平均して1週間あたりの労働時間が40時間の範囲内に収まればいい制度なのですが、期間が長いため1か月単位の変形労働時間制より様々な制約があります。**

1年単位の変形労働時間制の導入要件

　1年単位の変形労働時間制を導入する場合は、1か月単位の変形労働時間制とは異なり、必ず労使協定を締結する必要があります。

　労使協定では以下の内容を定めます。

①**対象労働者の範囲**

②**対象期間及び起算日**（労使で決定した期間で協定することになるので3か月単位なども可能）

③**特定期間**

④**労働日及び労働日ごとの労働時間**

⑤労使協定の有効期間

また、この労使協定は労働基準監督署への届出が必要です。

さらに、就業規則は、1年単位の変形労働時間制を採用する旨及び変形期間中の各日の始業・終業時刻等を定めます。

前述した労使協定で定める事項ですが、労使間で自由に取り決めることができるわけではなく、一定の制限がつきます。

特に以下の点には注意が必要です。

特定期間

特定期間とは、対象期間中で特に業務が繁忙な期間のことを指します。特別に定めなくてもかまいません。

定める場合も限度などは特にありませんが、対象期間中の相当部分を特定期間にすることなどはできません。

連続勤務日数

1年単位の変形労働時間制を採用した場合には連続して労働させることができる日数が決まっています。

通常は6日間なのですが、特定期間に関しては、「1週間に1日の休日が確保できる日数」としています。つまり、1週目の日曜日に休日を与え、2週目の土曜日に休日を与えれば1週間に1日の休日が確保できていることになるため、結果的に連続12日まで労働させることができるようになります。

年間所定労働時間、年間労働日数、1日の所定労働時間、1週間の所定労働時間の上限

対象期間を1年とした場合、2,085.7時間（365日÷7日×40時間）を上限として平均して1週間の所定労働時間が40時間以内とするようにしなければなりません。また、1日の所定労働時間の上限は10時間、1週間は52時間が上限となります。

なお、変形労働の対象期間が3か月を超える場合は以下の制限もつきます。

①1年あたりの所定労働日数の上限が280日

②⑦対象期間において労働時間が48時間を超える週を連続させる場合は、連続3週を限度とする

　④対象期間の初日から3か月ごとに区分した各期間において労働時間が48時間を超える週は、3週を限度とする

1年の所定労働時間上限	2,085.7時間
1年あたりの労働日数の上限 （対象期間が3か月超の場合）	280日
1日あたりの所定労働時間の上限	10時間
1週間あたりの所定労働時間の上限	52時間

労働日と各日、各週の所定労働時間

　労働日と各日、各週の所定労働時間を労使協定で定める必要があります。

　しかし、最初に1年分すべての労働日とその日の労働時間を確定させることが困難な場合もあります。その場合は、対象期間を1か月以上の期間に区分して、労使協定では最初の期間における労働日と労働日ごとの所定労働時間を定め、それ以外の期間については、各期間ごとの労働日数及び総労働時間を記載すれば足ります。

　この場合は、各期間が開始する30日前に事業場の過半数代表者等の同意を得て、労働日と労働日ごとの所定労働時間を定めます。

【1年単位の変形労働時間制】

第○条 会社は、社員の全部又は一部につき、労使協定を締結した上で、1年単位の変形労働時間制を採用することができる。この場合、所定労働時間は対象期間を平均して1週40時間以内とするものとする。

2. 1年単位の変形労働時間制の労働日ごとの所定労働時間、始業・終業時刻及び休憩時間並びに休日は別途定める年間カレンダーのとおりとする。

3. 1年単位の変形労働時間制導入にあたり締結した労使協定は、この就業規則に添付することで就業規則の一部とし、ここに定めのないことは労使協定のとおりとする。

労働時間の削減の仕上げは経営者による商慣習の変更

　昨今の働き方改革で、多くの企業が労働時間の削減に取り組んできました。都内に本社がある卸売業M社もその一社で、約300人の従業員の1日あたりの平均残業時間が2時間3分から5年間で46分までに削減されたといいます。

　同社M社長によると、「労働時間の削減には3つのステップがある」とのことでした。

　1つ目は従業員の意識の問題です。本人に早く帰る意識が低いと、ダラダラ仕事をしてしまいます。オフィス内の移動も、キビキビ移動すれば15秒、ダラダラだと25秒かかります。電子メールを1通送るのも、キビキビとダラダラでは1～2分の差が出ます。

　このように、1つひとつの動作が時間意識が薄いことにより、わずかずつ違ってきます。これが1日になると相当な時間になるのです。

　このような従業員の問題をまずは改善します。

　次のステップは会社全体の業務改善です。これは、従業員と経営陣で一緒になり、ボトルネックを洗い出し、時には新しい設備を導入するなどして改革します。

　しかし、「社内だけの改善では限界がある」とM社長は話します。そこで3つ目のステップです。それは業界の効率的でない商慣習の改善です。例えば、この業務は商品の配達は、急ぎの注文でなくても、在庫があれば翌日配達が当たり前でした。それを守るために配送係は非効率なルートで客先を回ることになり、その影響が労働時間にも表れていました。

　そこで同社は、同業者、商品仕入れ先など多数の企業を巻き込み、翌日配送という商慣習を変えました。

　この最後のステップにより、さらなる労働時間削減に成功し、約64％もの大幅削減に成功したのです。そして、この最後のステップこそ従業員にはできない部分であり、これこそ経営者にしかできない仕事なのです。

フレックスタイム制

　フレックスタイム制とは、従業員が、一定の期間において一定時間労働することを条件として、始業・終業時刻を自ら自由に選択できる制度です。

　2019年4月1日改正前までは、一定の期間の上限は1か月でしたが、現在は最長3か月です。ただし、1か月の範囲内を上限とする場合と3か月では導入要件などが異なります。本書では、導入件数が多い1か月以内の期間としたフレックスタイム制（以下、本項においてフレックスタイム制と記載しているものは、「1か月以内の期間」を対象としたものを指します）について説明します。

　フレックスタイム制を導入する場合は、就業規則に始業及び終業時刻を、その従業員の決定に委ねる旨を定め、労使協定で一定事項を定めることが必要になります。なお、この労使協定は届け出る必要はありません。

　始業及び終業時刻を各従業員に委ねる制度ですから、企業側から「明日は9時に始業するように」とか「明日は18時まで仕事するように」などと指示をすることはできません。

　ただし、**コアタイムとフレキシブルタイムを設けることはできます。**

　コアタイムとは、必ず働かないといけない時間です。フレキシブルタイムとは、従業員が選択により労働できる時間帯です。

　つまり、本人の決定に委ねるといいながらも働く時間に一定の範囲をつけること、また、絶対に働かなければならない時間を設けることはできます。

　例えば、コアタイムを10時から15時　フレキシブルタイムを7時から10時と15時から20時とした場合、従業員は7時から10時の間に始業しなければならず、終業は15時から20時の間でないといけないことになります。

　コアタイムやフレキシブルタイムを設けた場合は、この範囲内で日々働き、かつ一定期間の範囲内であらかじめ決まっている労働時間（例

1か月160時間など）を働くことになります。つまり、1日の所定労働時間という概念はなくなります。

・フレックスタイム制の導入要件

　フレックスタイム制を導入する要件として、以下のことを労使協定で定めることが必要となります。

> ①対象となる労働者の範囲
> ②清算期間とその起算日
> ③清算期間における総労働時間
> ④標準となる1日の労働時間
> ⑤コアタイムを定める場合には、その開始・終了時刻
> ⑥フレキシブルタイムを定める場合にはその開始・終了時刻

① 対象となる労働者の範囲

　特定の部署など範囲を限定することができます。

② 清算期間とその起算日

　前述のとおり、フレックスタイム制は最長3か月までで労使で合意した期間を1つの清算期間として、その期間の総労働時間を管理していきます。本書では、1か月以内の期間を定めた場合について解説しています。

③ 清算期間における総労働時間

　上記②のとおり、1つの清算期間における総労働時間を定めます。総労働時間は、清算期間を平均して1週間の労働時間が法定労働時間の範囲内とするよう定めなければなりません。考え方は、1か月単位の変形労働時間制の時と同じです。

　ただし、フレックスタイム制については清算期間が1か月で完全週休2日制の場合のみ、所定労働日数に8時間を乗じた時間数を清算期間の法定労働時間の総枠とすることが例外的に認められています。

これは、清算期間が1か月で完全週休2日制ですと、毎日8時間働いた場合、労使協定で定める総労働時間が法定労働時間を超えることになってしまうからです。

> ### 例　31日の月で所定労働日数が23日の場合
> 8時間×23日＝184時間＞177.1時間

④ 標準となる1日の労働時間

フレックスタイム制導入の場合は、標準となる1日の労働時間を定める必要があります。これにより有給休暇を取得した際などに支払われる賃金の算定基礎となる労働時間の長さを定めます。

⑤ コアタイムを定める場合には、その開始・終了時刻

コアタイムは、必ず働かなければならない時間です。このような時間を定めることも定めないことも可能です。もし、定めないのであれば、従業員は自由な時間に働くことができます。

極端な例でいえば、清算期間を通じて決められた労働時間働いているならば、ある1日については1分の労働でもいいことになります。

比較的自由度の高い職種であり、自律した従業員が多い企業では、このような考え方を取り入れるのも、従業員の意思を尊重できてよいかと思います。

また、テレワーク時の働き方に限って、コアタイムを設けない勤務を認めている企業も出てきています。

しかし、導入事例はまだまだ少ないのが実情です。

⑥ フレキシブルタイムを定める場合には、その開始・終了時刻

フレキシブルタイムとは、従業員がその選択により労働することができる時間帯をいいます。

一般的にはフレキシブルタイムは定めておくべきです。フレキシブルタイムも前述のコアタイムもないフレックスタイム制ですと、従業員は24時間のうちいつでも本人の選択で働いていいことになります。

オフィス勤務の場合は物理的に難しいこともあるかもしれませんが、テレワークの場合などは、従業員のライフサイクルに合わせて、深夜に働くような従業員も出てくる可能性があります。フレックスタイム制において、本人が自ら選択して深夜に働いた場合であっても、深夜割増賃金の支払いは必要になってきます。

深夜勤務が続く場合は健康上の問題も懸念されます。また、深夜勤務の問題だけではなく、24時間まったく自由に仕事ができる状態では他の従業員との連携などで様々な問題が起こりそうな気がします。反対にまったく問題ないのであれば、それは雇用ではなく業務委託契約でやったほうがお互いにとってメリットがあるかもしれません。

「特定の曜日だけコアタイムを変更する」といったこともできる

フレックスタイム制の導入を検討している企業からは、「コアタイムは10時から15時としたいのだが、毎週月曜日は朝の9時から会議があり、これには全員参加させたい。コアタイムを10時からとすると、会議への参加を命じることができないのですよね？」といった趣旨の相談をされることがあります。

この場合は、月曜日だけコアタイムを変更するようにします。つまり、「月曜日　コアタイム9時から15時　火曜日から金曜日　コアタイム10時から15時」のように定めます。

社内行事等でフレックスタイム制がそぐわないときは

社内イベントの日など、特別な事情があり、その日に限ってはフレックスタイム制がそぐわないときもあります。

例えば、ある会社ではお客様向け展示会というイベントがあり、当日は全従業員が朝早く出社して準備し、終業も20時くらいになります。

この日に限っては、「Aさんはコアタイム開始時刻の10時に出社する。Bさんはコアタイム終了時刻の15時に退社する」といったことは許されません。

このようにフレックスタイム制がそぐわない日については、その日に限りフレックスタイム制を解除し、通常勤務とすることができるよ

うに労使協定で定めておくことが重要です。私の経営する会社もフレックスタイム制ですが、年末最終日の納会や全体研修日などはフレックスタイム制を解除して、通常勤務としています。

規定例

【フレックスタイム制】
第〇条　会社が特定した社員は、第〇条の定めにかかわらず、従業員の過半数代表者と協定を締結したフレックスタイム制の適用を受けるものとする。

2. フレックスタイム制の適用を受ける社員の始業時刻及び終業時刻は、当該社員の自主的な決定に委ねられるものとする。ただし、始業及び終業の時刻につき従業員の自主的決定に委ねられる時間帯（フレキシブルタイム）、必ず勤務しなければならない時間帯（コアタイム）は次のとおりとする。

　①フレキシブルタイム
　　始業　〇時〇〇分から〇時〇〇分まで
　　終業　〇時〇〇分から〇時〇〇分まで
　②コアタイム
　　　〇時〇〇分から〇時〇〇分まで

3. フレックスタイム制に関するその他の定めについては、締結した労使協定をこの規則に添付し、就業規則の一部と位置付け、当該協定の定める内容も就業規則とする。

事業場外労働のみなし労働時間制

　事業場外労働のみなし労働時間制とは、従業員が業務の全部または一部を事業場外で従事し、経営者の指揮監督が及ばないため、その業務に係る労働時間の算定が困難な場合に、企業の労働時間の算定義務を免除し、その事業場外労働については所定労働時間労働したとみなす制度です。

もしくは、その業務を遂行するために通常所定労働時間を超えて労働することが必要な場合は、その業務に関して通常必要とされる時間労働したとみなすことになります。

　少々わかりにくい説明ですが、イメージするのは、営業職の従業員が外勤をしていて、経営者の指揮命令が及ばず、労働時間の算定が困難な場合などです。

　注意したいのは、**営業職であれば誰でも事業場外労働のみなし労働時間制の対象となるわけではありません。むしろ、ならない可能性のほうが高いと理解するのが賢明です。**

労働時間の「算定が困難」と「算定しない」は違う

　経営者の方と話をしていてよく聞くのは、「うちの営業職は労働時間を管理しないからみなし労働なんだ」という声です。これは明らかに大きな勘違いをしています。

　事業場外労働のみなし労働時間制が認められる条件は、「労働時間の算定をしない」ではないのです。**「労働時間の算定をしたいができない」が条件**となります。

　ITが発達し、スマートフォンが普及している現代では、それらの機器などを導入すれば、労働時間の算定が困難というケースはまれになります。

　規定例としては本書に載せておきましたが、**安易に活用しないことをお勧めします。**

規定例

【事業場外労働】

第〇条　第〇条の規定にかかわらず、社員が外勤、出張その他会社外で就業し、会社で労働時間の算定が困難な場合は、所定労働時間労働したものとみなす。

　裁量労働制とは、業務の性質上、業務遂行の手段や方法、時間配分等を大幅に従業員の裁量に委ねる必要がある業務に対して、その業務に就かせた場合、実際の労働時間にかかわらず、あらかじめ定めた時間労働したものとみなす制度です。

　裁量労働制には、専門業務型と後述する企画業務型の2種類があります。

　専門業務型裁量労働制の対象となる業務は、法令等により定められた19の業務に限られます。**19の業務に就かせる場合で、労使協定を締結した場合に適用が可能**になります。

　厚生労働省は、それぞれの業務について、例えば、「情報処理システムの分析又は設計」の業務であれば、

(ⅰ)　ニーズの把握、ユーザーの業務分析等に基づいた最適な業務処理方法の決定及びその方法に適合する機種の選定

(ⅱ)　入出力設計、処理手順の設計等アプリケーション・システムの設計、機械構成の細部の決定、ソフトウェアの決定等

(ⅲ)　システム稼働後のシステムの評価、問題点の発見、その解決のための改善等の業務をいうものであること。プログラムの設計又は作成を行うプログラマーは含まれないものであること

などと例示をしています。

　これらを参考に労使でよく話し合い決定することが大切です。

　ちなみに、厚生労働省の例示は抽象的でわかりにくいところもあります。

　あくまで私の考えですが、厚生労働省の例示の中で「〜等の業務をいうものであること」という表現の部分は、必ずしも全面的にその業務に合致しないと認められないわけではなく、労使協定という趣旨も勘案すると、「それらを踏まえて労使でよく話し合って決定しなさい」という意味合いが含まれているのではないかと考えます。

　反対に、**「〜は含まれないものであること」**という部分については、

厚生労働省が明確に否定している部分なので、その業務は認められないと判断するようにします。

専門業務型裁量労働制 19 業務

新商品、新技術の研究開発等の業務

情報処理システムの分析又は設計の業務

新聞・出版などの取材・編集、放送番組の取材・編集の業務

衣服、室内装飾、工業製品、広告等の新たなデザインの考案の業務

放送番組、映画等の制作の事業におけるプロデューサー又はディレクターの業務

コピーライターの業務

システムコンサルタントの業務

インテリアコーディネータ　の業務

ゲーム用ソフトウェア創作の業務

証券アナリストの業務

金融工学等の知識を用いて行う金融商品の開発の業務

大学教授の業務（主として研究に従事するものに限る）

公認会計士の業務

弁護士の業務

建築士の業務

不動産鑑定士の業務

弁理士の業務

税理士の業務

中小企業診断士の業務

専門業務型裁量労働制の導入要件

　専門業務型裁量労働制の導入にあたっては、就業規則に「専門業務型裁量労働制を導入する」旨の規定をします。

　また、専門業務型裁量労働制を導入した場合は、実際の労働時間にかかわらず、あらかじめみなした時間労働することになりますが、始業・終業時刻については就業規則上に定める必要があります。

しかし、始業時刻等に拘束されたのであれば、裁量の余地はほとんどなくなります。このあたりの考え方は専門家の中でも分かれます。

また、裁量労働制の対象者だけが始業も終業も自由ということになると、他の従業員とのバランス感が崩れ、組織の一体感にマイナスの影響を及ぼす可能性もあります。

実務上は、**「始業・終業時刻は通常の従業員と同じ時刻を基本とするが、業務遂行の必要に応じ、本人の裁量より具体的な時間配分とする」**旨を定め、本人の裁量で仕事をするにおいても、基本的な考え方は示しておいたほうがよいでしょう。

労使協定では「みなす時間の定め」が重要になる

専門業務型裁量労働制を導入するにあたっては、次のことを労使協定で定めます。

---

(1) 制度の対象とする業務

(2) 対象となる業務遂行の手段や方法、時間配分等に関し労働者に具体的な指示をしないこと

(3) 労働時間としてみなす時間

(4) 対象となる労働者の労働時間の状況に応じて実施する健康・福祉を確保するための措置の具体的内容

(5) 対象となる労働者からの苦情の処理のため実施する措置の具体的内容

(6) 協定の有効期間（※3年以内とすることが望ましい）

(7) (4)及び(5)に関し労働者ごとに講じた措置の記録を協定の有効期間及びその期間満了後3年間保存すること

特に「(3)労働時間としてみなす時間」の定めが重要になります。

ここでみなし時間が確定すれば、実際の労働時間にかかわらずその時間働いたとみなします。このみなし時間は、通常この業務を遂行する場合にかかる時間を基準に決定していきます。その場合、通常かかる時間が9時間であり、9時間労働とみなしたとします。

そうすると、毎日1時間の時間外労働が発生することになり、その分の割増賃金の支払いも必要になってきます。なお、ここでみなすのは所定労働日の労働時間だけであり、休日労働や深夜労働をした場合については、みなすことができないので、別途実労働時間に応じて割増賃金の支払いが必要になってきます。

　ただし、労使協定で所定休日における労働時間についても、みなし時間数を定めておき、その定めのとおりとすることもできます。また、深夜に働いた事実があった場合も深夜割増賃金の支払いが必要です。

規定例

【専門業務型裁量労働制】

第○条　会社は、業務上の必要がある部門及び社員（対象業務に就く者に限る）について、労使協定を締結の上、専門業務型裁量労働制を適用し、業務遂行の手段及び時間配分の決定等を、当該社員の裁量に委ね勤務させることができる。

2. 第1項の裁量労働制の対象業務及び対象社員は、労使協定で定める。

3. 始業及び終業の時刻並びに休憩時間は、それぞれ第○条の定めるところによるが、業務の遂行に必要な範囲において、対象社員による裁量的運用を認めるものとする。

4. 休日は第○条の定めるところによる。

5. 対象社員が休日又は深夜に労働する場合においては、あらかじめ所属長の許可を得なければならない。

6. その他の取扱いについては、労使協定の定めによるものとし、労使協定をこの規則に添付し、就業規則の一部とする。

---- 協定例 ----

専門業務型裁量労働制に関する労使協定

　株式会社ABCと社員の過半数代表者とは、専門業務型裁量労働制に関して次のとおり協定する。

【適用対象者】
第1条　以下の業務に従事する社員を専門業務型裁量労働制（以下「裁量労働制」という）の適用対象者とする。
　　①広告等のグラフィックデザイン業務につく社員
　　②・・・・・・・・・・・・・・・・・・・・・

【裁量労働制の原則】
第2条　裁量労働適用者の始業・終業並びに休憩時間は、就業規則第○条で定めた一般の社員の所定就業時刻を基本とするが、会社は業務遂行手段及び時間配分の決定について具体的な指示はせず、当該対象者本人の裁量に委ねるものとする。ただし、基本的な業務内容、職場秩序及び会社管理上必要な指示、業務上の連絡調整又は自己の業務遂行状況の報告、その他非常事態又は緊急性を要す指示等についてはこの限りではない。

【1日のみなし労働時間】
第3条　裁量労働適用者が所定労働日に勤務した場合は、1日8時間勤務したものとみなす。

【休日労働及び深夜労働】
第4条　裁量労働適用者が、休日又は深夜の時間帯（午後10時から午前5時までの間）に勤務しようとするときは、あらかじめ所属長の許可を受けなければならない。
　2. 裁量労働従事者が、前項によって許可を受けて休日又は深夜の時間帯に勤務したときは、その日については、実労働時間に応じて、休日勤務手当若しくは深夜勤務手当を賃金規程の定めるところによって支払う。

【対象社員の健康と福祉の確保】
第5条　裁量労働適用者の健康と福祉を確保するために、会社は、以下の各号に定める措置を講ずるものとする。
　　①　健康状態を把握するために次の措置を実施する。

ア　在社時間を把握する
　　イ　2か月に一度、裁量労働適用者に対し、健康状態についてのヒアリング
　②　会社は、前号の結果を産業医に報告するものとし、必要と認めるときには、次の措置を実施する。
　　ア　定期健康診断とは別の特別健康診断の実施
　　イ　特別休暇を付与
　③　精神・身体両面の健康についての相談窓口を人事部内におく。

【裁量労働制適用中止】
第6条　会社は、裁量労働制を適用することが適切でないと判断した場合は、当該社員に対して、裁量労働制の適用を中止することができる。

【対象社員の苦情の処理】
第7条　裁量労働制適用者から苦情等があった場合には、以下の各号に定める手続きに従い、対応するものとする。
　①　裁量労働相談室を次のとおり開設する。
　　ア　場所　　　　人事部
　　イ　開設日時　所定労働日の所定労働時間内において随時
　　ウ　相談担当　人事部長
　②　取り扱う苦情の範囲は次のとおりとする。
　　裁量労働制の運用に関する全般の事項、裁量労働適用者に適用されている評価制度、賃金制度等の処遇全般
　③　相談者の秘密を厳守し、プライバシーの保護に努める。

【記録の保存】
第8条　第5条及び第7条の規定をもとに講じた措置の内容を対象社員ごとに記録し、当該記録を本協定の有効期間中及び有効期間満了後3年間保存するものとする。

【有効期間】
第9条　本協定の有効期間は　　年　　月　　日から　　年　　月　　日までの3年間とする。

　　　年　　　月　　　日
株式会社ABC
代表取締役　　　　　　　　　　印
過半数代表者　　　　　　　　　印

企画業務型裁量労働制と対象となる業務

　企画業務型裁量労働制とは、事業の運営に関する事項についての企画、立案、調査及び分析の業務であって、業務の性質上、業務遂行の手段や方法、時間配分等を大幅に従業員の裁量に委ねる必要がある業務に就かせる場合、労使委員会で決議することにより実際の労働時間に関係なく、決議された時間働いたとみなす制度です。

　企画業務型裁量労働制は、いかなる事業場においても導入できるわけではなく、**事業運営に影響を与える企画、立案などの対象業務が存在する事業場のみで導入可能**です。

　具体的な対象業務とは以下のとおりです。

①業務が所属する事業場の事業の運営に関するものであること（例えば、対象事業場の属する企業等に係る事業の運営に影響を及ぼすもの、事業場独自の事業戦略に関するものなど）

②企画、立案、調査及び分析の業務であること

③業務遂行の方法を大幅に労働者の裁量にゆだねる必要があること、「業務の性質に照らして客観的に判断される」業務であること

④企画・立案・調査・分析という相互に関連し合う作業を、いつ、どのように行うか等についての広範な裁量が労働者に認められている業務であること

　具体的に対象となり得る業務としては以下のようなものが例示されています。

- 経営企画を担当する部署における業務のうち、経営状態・経営環境などについて調査及び分析を行い、経営に関する計画を策定する業務
- 経営企画を担当する部署における業務のうち、現行の社内組織の問題点やその在り方などについて調査及び分析を行い、新たな社内組織を編成する業務
- 人事・労務を担当する部署における業務のうち、現行の人事制度の問題点やその在り方などについて調査及び分析を行い、新たな

人事制度を策定する業務

- 人事・労務を担当する部署における業務のうち、業務の内容やその遂行のために必要とされる能力などについて調査及び分析を行い、社員の教育・研修計画を策定する業務
- 財務・経理を担当する部署における業務のうち、財務状態などについて調査及び分析を行い、財務に関する計画を策定する業務
- 広報を担当する部署における業務のうち、効果的な広報手法などについて調査及び分析を行い、広報を企画・立案する業務
- 営業に関する企画を担当する部署における業務のうち、営業成績や営業活動上の問題点などについて調査及び分析を行い、企業全体の営業方針や取り扱う商品ごとの全社的な営業に関する計画を策定する業務
- 生産に関する企画を担当する部署における業務のうち、生産効率や原材料などにかかわる市場の動向などについて調査及び分析を行い、原材料などの調達計画も含め全社的な生産計画を策定する業務

導入には労使協定ではなく労使委員会の決議が必要

　専門業務型裁量労働制は労使協定で導入ができましたが、企画業務型裁量労働制は**労使委員会の委員全員の5分の4以上の議決による決議が必要**になってきます。つまり、事業場に労使委員会が設置されている必要があります。

　労使委員会は、過半数代表者より任期を定めて指名された委員が委員会の半数で構成されていなければなりません。ただし、労使各1名ずつの2名構成は委員会として認められません。

　なお、企画業務型裁量労働制の効力発生は、この決議を労働基準監督署に届け出ることにより発生します。したがって、決議はしたけれども、届出がなされていない場合は、効力が発生していないことになるので注意が必要です。

労使委員会での決議事項

①対象業務

②対象となり得る従業員の範囲

③1日のみなし労働時間

④健康・福祉確保措置

⑤苦情処理措置

⑥本制度の適用について対象従業員本人の同意を得なければならないこと

⑦同意をしなかった従業員に対して、解雇その他の不利益な取扱いをしてはならないこと

⑧決議の有効期限

⑨会社が、次の事項に関する従業員ごとの記録を決議の有効期間中と有効期間満了後3年間保存すること

　ア　対象従業員の労働時間の状況

　イ　健康・福祉確保措置として講じた措置

　ウ　対象従業員からの苦情の処理に関する措置として講じた措置

　エ　対象従業員の同意

対象となり得る従業員の範囲について

　法律によれば、対象業務を適切に遂行するための知識、経験等を有する従業員が対象となり得るとしており、対象業務に就く従業員をすべて対象とできるわけではありません。

　したがって、**新入社員を対象とすることなどは難しい**でしょう。

1日のみなし労働時間

　実際の労働時間に関係なく通常業務を遂行するために必要な時間を労使委員会で決議し決定します。

　それが1日の法定労働時間を超える場合は、時間外の割増賃金も発生することになります。

従業員の同意

　企画業務型裁量労働制のもとに従業員に働いてもらう場合には、対象となる従業員から個別に同意を得る必要があります。これは専門業務型裁量労働制が対象従業員から個別に同意を得る必要がないことと異なる点で注意が必要です。

　また、同意をしなかった従業員に対して不利益な取扱いをすることは禁止されており、それを労使委員会で決議する必要があります。

決議の有効期間

　決議は有効期間を定める必要があり、その期間については厚生労働省の通達では3年以内とすることが望ましいとしています。

休日

休日が「法定」と「所定」に分かれている理由

　現在では完全週休2日制の会社も多くなっていますが、労働基準法では、休日は週に1日、もしくは4週4日以上与えればいいとしています。つまり、「土日が休み」という企業は、法律よりも多くの休日を従業員に与えていることになります。

　このように書くと、「では土曜日も働いてもらうことにして、休みは日曜日だけにしよう」と考える方も出てくるかもしれません。

　もちろん、そのようにすることも可能ですが、そうすると、残業との兼ね合いで問題が出てきます。

　法定労働時間は1週間40時間です。**週に1日の休日でもよいのですが、その結果、1週間の所定労働時間が40時間を超えるとなると問題となります。**

　したがって、例えば、1日の所定労働時間が6時間30分というのであれば、週に1日の休日でも週の所定労働時間は39時間となり法律をクリアすることになります。しかし、1日の所定労働時間が8時間とすると、週に2日休日を与えない限り、40時間以内に収まりません。要するに法律は、休日については「週1日は必ず休日を与えなさい」とだけいっています。一方で、労働時間については、週の所定労働時間は40時間を超えることができないといっています。その結果、1日の所定労働時間を長くするならば、法律の求め以上に休日を設けないといけなくなるということなのです。

　この法律で求めている最低限の休日を一般的には「法定休日」といいます。

それに対して、法律以上に与えている部分については、会社が定めた休日として「所定休日」といういい方をしています。

　なぜ、この2つを分ける必要があるのでしょうか。
　というのも、休日労働させたときの割増賃金の率に違いが出てくるからです。
　読者の皆さんも、「休日に労働させたら3割5分の割増賃金を支払う、残業の場合は2割5分」というのを何となく頭にイメージしていると思います。この3割5分の割増賃金を支払う休日というのは、法定休日に労働させたときのことを指しているのです。
　では、所定休日に労働させたときはどうなるのでしょうか。
　このときは、その時間働いたことで週40時間の労働時間を超えることになる場合（すでに残業としてカウントされている時間を除く）は、残業という考えになり、2割5分の割増賃金を支払うことになります。

法定休日を特定するべきか

　法定休日と所定休日では割増賃金率が異なります。もちろん、どちらも3割5分としても法律以上の割増率としているので問題ありません。いずれにしても、どの日が法定休日となるのかを明確にしておく必要があります。
　法定休日の特定については、2つの考えがあります。
　1つは、法定休日の曜日を特定する方法です。例えば、法定休日は日曜日とします。
　もう1つは、曜日で特定せずに、「休日労働のない最後の日、もしくは1週間のうちすべての休日に労働した場合において、最後に休日労働した日」とすることもできます。これは、仮に土日が休日の会社で、土曜日も日曜日も休めた場合は、
　①日曜日を法定休日とする
　②日曜日に出勤して土曜日に休んだ場合は、土曜日を法定休日とする
　③土日の両方とも労働した場合は日曜日を法定休日とする

と考えます。

　つまり、週に1日は確実に休めているならば、法定休日は取れていると考えるのです。

　どちらのパターンを選択するかは、それぞれにメリット・デメリットがあるので、それを考慮のうえ、自社に合う方法を導入するとよいでしょう。

　曜日を特定するメリットは、そのわかりやすさです。誤解も受けにくく、企業に対する余計な不信感を抱きにくくなります。

　その一方で、出勤する曜日によって割増賃金率が違うため不公平感が出ます。

　仮に日曜日を法定休日とした場合で業務の都合で土曜日に出勤してもらう従業員と日曜日に出勤してもらう従業員が出たときを考えます。そのとき、同じ業務をしたとしても、出勤した日が違うというだけでもらえる賃金が異なってくるとすれば、不公平感を抱くことになります。

　曜日を特定しなければ、そのような不公平感を解消することができます。

週の起算日をどうするか

　次に1週間の起算日をいつにするかを考えます。

　特別な定めを設けなければ、日曜日から土曜日までの暦週となります。しかし、就業規則に起算日を定めるのであれば、その定めに従うことになります。

　起算日は、自社の状況をよく考慮して決めるとよいでしょう。というのも、後述する**休日の振替との兼ね合いで工夫のしようがあるから**です。

　例えば、土日が休日の会社で、業務の性質上、休日出勤が直前に決まることが多い場合を考えてみます。金曜日になり業務が思ったように進まず、週末の休日に出勤せざるを得ないケースなどです。実際にこのような会社は多いのではないでしょうか。

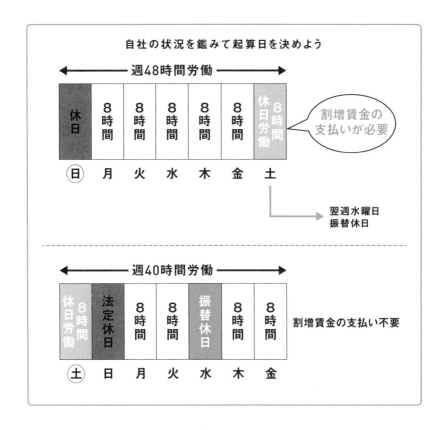

この場合、もともとの休日に出勤する代わりに、平日のどこかを休日とする、休日の振替が行われるケースが多いです。

休日の振替をすると、本来の休日は通常の労働日となり、もともとの労働日が休日となります。

1日単位で見た場合は、休日出勤した日が法定労働時間の範囲内の労働に収まっているならば、残業という概念も休日出勤という概念もなくなり、割増賃金の支払いも不要となります。

しかし、**週という単位で見ると1週間40時間を超える労働となってしまった場合は、時間外労働となり割増賃金の支払いが必要**となります。

　例えば、平日の残業がまったくない1日8時間労働の会社で、土曜

日に出勤し、その代わりに翌週の水曜日を休日とする振替を行った場合で考えてみましょう。

このケースで日曜日起算の暦週で1週間を考えた場合、土曜日出勤をしたことで、その1週間の労働時間は48時間となり、時間外の割増賃金の支払いが必要になってきます。

しかし、起算日を土曜日として1週間を考えた場合は、土曜日出勤する代わりに同一週の水曜日を休みとしているわけですから、1週間の労働時間は40時間となり割増賃金の支払いは不要となります。

規定例

【休　　日】
第〇条　休日は次のとおりとする。
①土曜日、日曜日
②国民の祝日
③年末・年始（12月30日より1月3日まで）
④その他会社が指定する日
2. 休日出勤により1週間（土曜日を起算日とする）のうち1日も休日が確保されなかったときは、その週の最後の休日日を法定休日とし、1日以上の休日が確保できている場合は、実際に休日を取った日の中で最後の日を法定休日とする。

休日と休暇の違い

顧問先の企業で打合せをしていると、休日と休暇の区別を意識していない企業が多い印象を受けます。

休日と休暇は異なるものです。

休日は、労働義務がそもそもない日です。それに対して、休暇は労働義務がある日なのですが、その義務を免除する日です。有給休暇を考えるとわかりやすいかもしれません。有給休暇を取得する日は、もともと労働日です。年次有給休暇の権利を行使することで、その日の

労働義務が免除されるわけです。したがって、年次有給休暇は休日に取得することはできません。

　要するに、**休暇は労働日に属する**のです。

　なお、休暇は子の看護休暇のように法律で定められているものと、年末年始休暇のように会社が独自に定めるものがあります。

　普段はあまり意識しない休日か休暇かですが、その休みがどちらに区分されるのか明確にしておくことが重要です。

　というのも、これにより割増賃金を計算するときの基礎単価が異なってくるからです。

　割増賃金を計算するときは、月給制ならば1か月平均所定労働時間で割ることにより算出します。

　休暇は労働日ですから、労働日数にカウントします。よって分母が大きくなりますから、1時間あたりの単価が低くなります。

例		
年間休日	105日	120日
休暇	15日	——
1日の所定労働時間	8時間	8時間
1か月平均所定労働日数	21.66日	20.41日
基本給	30万円	30万円
時間単価	1,731.2円	1,837.2円

　また、休日に労働させた場合は、別途賃金が発生しますが、休暇に労働させたとしても、その日については労働義務の免除を取り消したことにすぎませんので、別途賃金は発生しません。

　時折、就業規則を見ていると、「休日・休暇」とは、「土曜・日曜・国民の祝日・12月29日から1月4日」などというように、休日と休暇が明確に区分されていないものがあります。

　おそらく、休日と休暇が異なるという概念がなく、「休日・休暇」

が1つのものというイメージでいるためだと思われますが、**休日と休暇ははっきりと区分しておきます。**

その上で、年末年始やお盆の休みは、休暇であるならば「特別休暇」として、慶弔休暇などの並びに記載しておくとわかりやすくなるでしょう。

年間所定労働日数を固定する

上記の休日・休暇とも関連しますが、企業によっては年間労働日数が年によってまちまちな場合があります。

そうすると、**割増賃金の単価が年によって異なることになってしまう**のです。それを避けるため、年間所定労働日数を固定することをお勧めします。

規定例

【年間所定労働日】
第○条　会社の年間所定労働日数は、○○○日とする。この場合の起算日は、○月○日とする。

代休と休日の振替

「休日の振替」とは、事前に就業規則等で定まった休日を労働日に変更し、その代わりにもともと労働日だった日を休日とする制度です。

企業が一方的にそのような変更を行うには、その根拠が必要となりますから、就業規則に「休日の振替ができる」旨を定めておきます。

休日の振替ができる要件としては以下の2点を押さえます。

①休日の振替を行う業務上の必要性があり、就業規則等において、休日振替を行うことができる旨の定めがあること

②休日を振り替える前にあらかじめ振り替えるべき日を特定し、休日に振り替えたとしても法定休日が確保されていること

厚生労働省の通達では、**「就業規則等においてできる限り、休日振替の具体的事由と振り替えるべき日を規定することが望ましい」**としています。したがって、就業規則にも、振替の具体的事由を書くことが望ましいといえます。

　ただ、実際問題として、休日労働は諸所の事情によりやむを得ずそうしなければならないこともあり、想定される事項を詳細に記載するのは現実的ではありません。

　そこで、**「業務上の都合等によりやむを得ない事由がある場合」**などの規定としておくべきだと私は考えます。

　休日を振り替えた場合、本来休日だった日は労働日になっていますので、その日に働くことは通常の労働と同じと考え、所定労働時間を超えて働いた場合は時間外労働となります。

　また、振替後の休日に休んだ場合も、通常の休日に休んだという考え方になります。ただし、振替により1週間の労働時間が40時間を超えた場合は、割増賃金の支払いが必要になってくるのは休日のところ（145ページ）で示したとおりです。

┤ **規 定 例** ├

【休日の振替】

第○条　交通機関の計画運休その他やむを得ない事情がある場合又は業務上の必要がある場合は、第○条の休日の一部又は全部につき他の日に変更することがある。休日を変更するときは、事前に指定して社員に通知する。

2. 会社は、あらかじめ定めた休日に社員を労働させるときは、当該勤務日と同一週内において休日を変更することができる。この場合、あらかじめ定めた休日は労働日となり、変更後に休日となった日が所定休日となる。

以上が「休日の振替」でしたが、次に「代休」を見ていきます。

休日の振替と代休を同じものと思われている方もいますが、両者はまったく性質が異なるので注意してください。

「代休」とは、休日労働した場合にそれに対する代償として与える休暇です。したがって、代休を与えたとしても休日労働をした事実には変わりありませんので、割増賃金の支払いは必要になります。

この場合、法定休日労働した場合は1.35倍した賃金を、所定休日労働した場合は1.25倍した賃金を支払うことになります。

しかし、代休を与えることで、1.0の部分は休暇と相殺で支払わずに済むのか否かの問題が出てきます。つまり、0.35ないし0.25倍した賃金でいいのか否かという問題です。

これについては、代休を有給とするか無給とするかに法律上の決まりはありませんから、就業規則にその旨を定めて周知することで、それが可能となるようにしておけばよいでしょう。

ただし、賃金は、毎月1回以上、全額払いする原則があるので、賃金締切日をまたいで代休を付与する場合は、相殺はできず、一度全額払いをして、代休を取得した月にその分を控除することになります。

理屈は以上のとおりですが、現実的に運用可能か否かを考えて制度を導入することをお勧めします。私見としては、**休日労働は割増賃金を支払っていれば代休を与える義務はないので、代休制度は不要ではないか**と考えます。

残業代を払っていれば時間外労働させられるわけではない

時間外労働に関しては、残業代（時間外労働の割増賃金）を支払っていれば、残業（時間外労働）させることができると考えている経営者の方もいらっしゃいますが、それは正しくありません。お金の支払いの有無に関係なく、**法律上では本来、時間外労働は一部例外を除いて認められていません。**

法定問題を回避するためには、まずは時間外労働や休日労働をする

ことに労使協定を結ぶ必要があります。これが労働基準法第36条に関係するので、一般的に「36（サブロク）協定」といわれるものです。

　36協定は免罰効果と呼ばれ、この協定を結ぶことで本来、法律違反である残業をさせたとしても、労使の自治を優先させ、法律違反としないとするものなのです。

　しかし、これは国が、「時間外労働させても法律違反に問わないよ」といっているだけです。36協定は、従業員に時間外労働や休日労働をさせる根拠にはなりません。

　そこで、就業規則に、「会社は、時間外労働・休日労働を命じることができる」旨のルールを定めておき、それを根拠に、時間外労働等をさせることができるようにしておきます。

上司の許可を得なければ時間外労働ができないルールを

　時間外労働等は企業側が命じて行うのが原則ですが、実務上は従業員自身の判断で行い、それが原因で後日もめることが少なくありません。

　退職した従業員が時間外労働分の賃金が未払いであると請求するケースでは、労使の主張が食い違い、従業員側は「残業をした」、企業側は「残業は認めていない。勝手にやっただけ」というのです。

　この場合、実際に働いた事実があれば、ほとんどのケースで従業員の主張が認められます。時間外労働や休日労働を本人側からの申し出で行う場合のプロセスが明確になっていないことと、大抵の場合、残業の命令はしていないといっても、直属の上司はその事実を知っており、退社を促すなどの特段のアクションを起こしていないため、黙認したと評価されるからです。

　就業規則には、**「時間外労働等はあらかじめ所属長の許可を得て行うこと。許可を得ないものは時間外労働等と認めない」**旨を定めておきます。また、労務管理上では、上司が無申請で時間外労働等を行っているところを見つけた場合は都度注意をし、「残業の黙認とみなされないよう」教育することも必要です。

┌─────────────── 規定例 ───────────────┐

【時間外勤務】

第○条　会社は、業務の都合により必要ある場合は、時間外勤務
　　　及び休日勤務を命ずることができる。ただし、法定労働時間を
　　　超える場合、若しくは法定休日に勤務を命じる場合は、労働基
　　　準法第36条で定めた労使協定において協定した時間を限度と
　　　する。

2. 社員自身が時間外勤務及び休日勤務を必要とする場合は、事前
　　に申請し、会社の許可を得る必要がある。なお、許可なしに行
　　った時間外勤務等は正式な時間外勤務若しくは休日勤務とは認
　　めず、その時間分の賃金は支払わない。ただし、事前申請でき
　　ないやむを得ない事由があったと会社が認めた場合はこの限り
　　ではない。

└──────────────────────────────────┘

新しい時代を生き抜くための視点

働く場所の変化とワーケーション

　新型コロナウイルス感染症感染防止対策の一環としてテレワークが
普及したころを境に、テレワークに関する価値観が大きく転換しまし
た。

　従前、テレワークは、まず従業員側が望んでいるケースが多く、本
人の希望のもとに行われるケースがほとんどでした。

　しかし、新型コロナウイルス感染症感染防止の観点から、テレワー
クは本人の希望ではなく、企業が命じるものとなりました。仮に本人
が出社したくても、企業が命令でテレワークをさせるようになったの
です。

　にもかかわらず、就業規則の改定が今の状況に追いついていない企
業はまだまだたくさんあります。

これからは、就業規則に「会社はテレワークを命じることができる」旨の規定を入れ、会社以外の場所での労働を命じることができる根拠を持っておくことが大切です。

完全フレックスタイム制による新しい働き方

ITツールの発達により、働く場所にとらわれず、働きたい時間、働きたい場所で業務を遂行することも可能になってきました。

法律では、専門業務型裁量労働制や企画業務型裁量労働制では、本人の裁量に委ねた働き方が認められていますが、働く場所の自由までは認められていません。適用できる職種はまだ限定されています。

しかし、世の中に目を向ければ、時間にとらわれない仕事がたくさんあり、むしろ時間から解放されたほうが働く人にとってもメリットがある場合もたくさんあります。そういう意味では法律は現実よりも相当遅れているといわざるを得ないでしょう。

長時間労働における健康など気をつけなければならない問題もありますが、制約が少なく、本人の自発的な意思に任せて働ける環境は、人間が人間の尊厳を保ち、その人らしい生き方ができることに欠かせないものだと思うのです。

もちろん、職種によって異なるでしょうが、パソコン1つで仕事ができ、必要に応じてオンラインやリアルで社内外の人と打ち合わせを行い、決められた期日までに決められたアウトプットを出す。それが重なれば長く働く日が続くし、反対に仕事量が一気に減る谷間のような期間もある。そのような時は、ビジネスチャットで連絡に応じ、それ以外の時間は読書をしたり、スパでゆっくりしたりして過ごす。

裁量労働制の対象業務に当てはまらない仕事をしている人でも、会社が許すならば、こんな働き方ができる人はそれなりにいます。

そんな場合は、コアタイムを設けないフレックスタイム制を適用させるといいかもしれません。

フレキシブルタイムだけ設けておき、例えば、「7時から22時の間で自由に働いてください。ただし、月間160時間は働いてね」というようなルールにしておくのです。

会社が時間管理する義務を免れることはできませんが、こうしておくことで、従業員に裁量を持たせた働き方が実現できると思います。

ワーケーション時の時間管理

最近ではワーケーションという言葉がいろいろなところから聞こえてきました。まだまだ、正式な制度として認めている企業は少ないですが、現在では、IT系の企業をはじめ、自由度の高い働き方ができる企業で取り入れられています。今後の働き方の主流になるとは思えませんが、一定程度の定着はするものと思われます。

ワーケーションとは、JTB総合研究所のWEBサイトによると、

・英語のWork（仕事）とVacation（休暇）の合成語。

・リゾート地や地方部など、普段の職場とは異なる場所で働きながら休暇取得を行うこと。あるいは休暇と併用し、旅先で業務を組み合わせる滞在のこと。

と説明されています。

仕事と休暇の両立ですが、この場合は、事業場外労働のみなし労働時間制を活用することを検討します。

事業場外労働のみなし労働時間制は、事業場外で業務に従事した場合で労働時間が算定しがたいときに適用が認められます。

ワーケーションはワークとバケーションが混在するわけですから、労働時間の算定がしがたいといえますし、そのような働き方になっていなければ、単に働く場所を社外にしただけであって、本当の意味のワーケーションになっていないといえるでしょう。

なお、厚生労働省は、2021年3月25日にテレワークの「適切な導入及び実施の推進のためのガイドライン」を公表しました。

この中では、事業場外労働のみなし労働時間制がテレワーク時に適用できる要件を以下のように示しました。

テレワークにおいて、次の1、2をいずれも満たす場合には、（みなし労働時間）制度を適用することができる。

①情報通信機器が、使用者の指示により常時通信可能な状態
におくこととされていないこと
②随時使用者の具体的な指示に基づいて業務を行っていない
こと

①この解釈については、以下の場合については、いずれも①を満
たすと認められ、情報通信機器を労働者が所持していることの
みをもって、制度が適用されないことはない。

- 勤務時間中に、労働者が自分の意思で通信回線自体を切断する
ことができる場合
- 勤務時間中は通信回線自体の切断はできず、使用者の指示は情
報通信機器を用いて行われるが、労働者が情報通信機器から自
分の意思で離れることができ、応答のタイミングを労働者が判
断することができる場合
- 会社支給の携帯電話等を所持していても、その応答を行うか否
か、又は折り返しのタイミングについて労働者において判断で
きる場合

②随時使用者の具体的な指示に基づいて業務を行っていないこと
以下の場合については②を満たすと認められる。

- 使用者の指示が、業務の目的、目標、期限等の基本的事項にと
どまり、一日のスケジュール（作業内容とそれを行う時間等）をあ
らかじめ決めるなど作業量や作業の時期、方法等を具体的に特
定するものではない場合

(中略)

なお、この場合の「情報通信機器」とは、使用者が支給したも
のか、労働者個人が所有するものか等を問わず、労働者が使用者
と通信するために使用するパソコンやスマートフォン・携帯電話
端末等を指す。

上記のガイドラインを確認すると、ワーケーションはまさにこの内容に合致すると考えます。

　携帯電話を常時脇に置いておき、会社からの連絡があれば、すぐに電話に出るように義務づける。また、パソコンを常にオンにしておき、ビジネスチャットに何かメッセージが入ったら即応することを義務づける。

　仮にそうだとするのであれば、繰り返しになりますが、それは単に勤務場所を変えただけでワーケーションとは呼べません。

　しかし、本人の裁量により即応するのか否か選択することができ、また、場合によっては通信を切断する権限も持っていれば、上記ガイドライン1の問題はクリアします。つまり、上記ガイドラインは、電話が繋がるようにしていたり、パソコンがインターネットにつながっていたら事業場外労働のみなし労働時間制に該当しないといっているわけではありません。

　上記のような働き方を認めたら仕事をサボる人がいるのではないか、顧客との連絡が遅くなりクレームになるのではないのかと心配する人もいるかもしれません。

　しかし、仮にそのような人であるならば、そもそもワーケーションにそぐわないので対象から外すべきでしょう。

　ワーケーションが認められる人は、通常、自律しており、自己の裁量で仕事を進められる要素の大きい業務についている人です。

　また、ビジネススキルも比較的高い人だと考えます。自らの判断で、即応したほうがいいと思う電話にはすぐに出るが、そうでないものは、後ほど折り返すなど、臨機応変に選択できる人を対象にすべきと考えます。

　あるデザイン会社の従業員のワーケーションはこんな感じです。

朝、新幹線に乗り、地方の高原にある温泉付きのホテルに向かう。

　新幹線の中でメールをチェックし、すぐに折り返しておく必要があったメール2通にだけ返信しておく。

　目的地に到着後、近くのカフェで明後日の顧客との打合せ用の資料を集中して作成する。

　途中に電話がかかってきたが、発信者から想像して1本の電話はすぐに対応したほうが良さそうだと自ら判断して電話に出る。

　あとの2本は、特別急ぎではなさそうだったので、1本はあとで折り返すことに決める。

　もう1本は、ビジネスチャットにて「何かありましたか？」と連絡する。その間にもビジネスチャットに何個かの連絡があったが、自分の判断で即応するものは即応し、そうでないものはひとまず反応しない。

　昼食後、宿泊するホテルに移動し、早めのチェックインを行う。高原の素敵な景色を見ながら、来週行われる新規案件のプレゼン資料作成に取り掛かる。これは集中したいので、携帯電話の音も消し、wifiも切断して、一気に仕上げる。

　夕方、少し疲れたので、温泉で一息つき、夕食前にメールやビジネスチャットを確認して、必要なものには返信する。

育児介護休業

法令遵守はマスト。概略をしっかり押さえる

育児や介護に関連した休業などの制度については、法律での定めがあります。ここではそれらの概略を簡単に説明します。

具体的なことを知りたい場合は、厚生労働省が発行している「育児介護休業のあらまし」を参考にしてください。

> **厚生労働省「育児介護休業のあらまし」**
> https://www.mhlw.go.jp/content/11909000/000355354.pdf

育児休業制度

従業員は、企業に申し出ることにより、**子が1歳に達するまでの間**（両親ともに育児休業を取得する場合は、子が1歳2か月に達するまでの間に1年間）、育児休業を取ることができます。

なお、子が1歳を超えても休業が必要と認められる一定の場合には、子が1歳6か月に達するまで、子が1歳6か月を超えてもさらに休業が必要と認められる一定の場合には、子が2歳に達するまて育児休業を取ることができます。

介護休業制度

従業員は、企業に申し出ることにより、要介護状態対象家族1人につき、通算して93日まで、3回を上限として介護休業をすることがで

きます。

子の看護休暇制度

　小学校就学前までの子を養育する従業員は、その企業に申し出ることにより、**小学校就学前の子が1人であれば、年に5日まで、2人以上であれば年10日まで**、病気・けがをした子の看護のために、または子に健康診断などを受けさせるために、休暇を取得することができます。

介護休暇制度

　要介護状態にある対象家族の介護を行う従業員は、その企業に申し出ることにより、**要介護状態にある対象家族が1人であれば年に5日まで、2人以上であれば年10日まで**、介護その他の世話を行うために、休暇を取得することができます。

短時間勤務等の措置

　企業は、**3歳に満たない子を養育する従業員**について、従業員の申出に基づく短時間勤務の措置（原則として1日の所定労働時間を6時間）を講じる必要があります。

　また、企業は、要介護状態にある対象家族の介護を行う従業員について、次のいずれかの措置（**対象家族1人につき、利用開始から3年の間で2回以上の利用可能**とする措置）を講じる必要があります。

- 短時間勤務制度
- フレックスタイム制
- 始業・終業時刻の繰り上げ・繰り下げ
- 介護費用の援助措置

所定外労働の免除

　企業は、**3歳に満たない子を養育し、または要介護状態にある対象家族の介護を行う従業員**が請求した場合は、事業の正常な運営を妨げる場合を除き、所定労働時間を超えて働かせることはできません。

時間外労働の制限

　企業は、**小学校就学前までの子を養育し、または要介護状態にある対象家族の介護を行う従業員**が請求した場合は、事業の正常な運営を妨げる場合を除き、1か月24時間、1年150時間を超えて時間外労働をさせることはできません。

深夜業の制限

　企業は、**小学校就学前までの子を養育し、または要介護状態にある対象家族の介護を行う従業員**が請求した場合は、事業の正常な運営を妨げる場合を除き、深夜の時間帯に働かせることはできません。

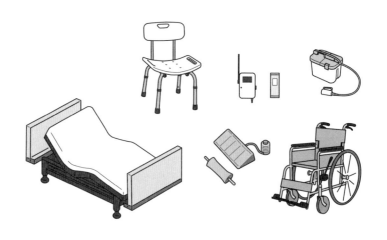

育児介護休業関連については法律が細かな点まで配慮し定めている
ため、企業側が規程を考える上で特別な工夫をする部分が、他の規程
と比べると、あまりありません。

　基本的には、厚生労働省の雛形を使い、育児休業できる期間などに
ついて法律以上の定めをするのであれば、その定めの部分を改めるよ
うにするとよいでしょう。

　法律以上の対応をする場合の例として162ページ以降のコラムも参
照してください。

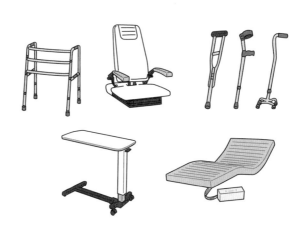

育児休業せずにテレワークで仕事との両立を図る

　テレワークが一気に進んだ昨今においては、育児休業可能期間をまるまる休業せずに、テレワークを活用することにより、早く復帰することも以前に比べると容易になるはずです。

　人によっては、長期間職場から離脱することに不安を覚える従業員もいます。

　実際問題、休業期間を延長し、2年近く休業した場合、業務の進め方や取扱商品のラインナップ、社内組織体制など、何もかもが変わってしまい、浦島太郎状態になるのはよくあることです。

　しかしながら、早期復帰により子どものそばから離れた従業員は、子どものことが心配になり、それがストレスになることもあります。

　これは考え方次第ですが、テレワークを活用して業務を進めることができれば、人手が不足することに悩む企業側と、休業によって浦島太郎状態に陥ることを恐れたり、幼い子どものそばを離れることに不安を持つ従業員側、両方の悩みごとを解決することができます。また、育児休業が取得しづらかった男性従業員も取得が容易になってきます。

子連れ出勤を認める

　まだまだメジャーとはいえませんが、日本でも子どもを連れての出社を認める企業が出てきました。

　子連れ出勤で、私には懐かしい思い出があります。

　2006年に授乳服の製造販売をしている有限会社モーハウス（茨城県つくば市）の就業規則作成の依頼を受けました。

　同社は、内閣府、経済産業省、日本商工会議所など、様々な公的機関が主催する賞を受賞している優良企業です。

注目理由の1つでもあるのが同社の子連れ出勤制度です。今でも当たり前とはなっていませんが、2006年時にそのような制度がある企業はまれだったと思います。

　オフィスに訪問すると、小さな子どもが社内を走っていたり、赤ちゃんを抱えながら仕事をしている従業員を見かけました。私もそのような光景を初めて見たので、とても驚きましたが、小さな子どもを自分のそばに置き仕事をする環境は、お子さんのいる従業員に安心感を与えるだけでなく、そのような環境だからこそ、優秀な人材の確保に有利に働いていました。

　社長の光畑由佳さんが、「つくばは、国の研究機関がたくさんあり、優秀な人材がたくさんいます。でも、子どもがいるがために働くことができずに自宅で過ごしている人もたくさんいます。『子どもを連れて働くことができる』と知れば、そのような方が働きにきてくれます」と話してくれたのが印象的でした。

　子連れ出勤の制度を真剣に検討してみることで、新たな優秀人材の確保が可能になるかもしれません。

子連れ勤務が高い生産性を産む

　カンボジアに「伝統の森」という場所があります。

　これは、内戦により消滅したカンボジアのシルクの織物、クメール織の復活のために、日本人の故森本喜久男さんがつくった場所です。東京ドーム約5個分の森の中に工房とショップと社宅が点在しています。

　ここでは、世界中の有名デザイナー本人が、わざわざ買い付けにくるような最高峰の織物がつくられています。1人ひとりの職人が手織りで製造しますが、織り手のほとんどは女性で、小さな子どもがいる従業員もたくさんいます。

　私も2度ほど伝統の森にお邪魔しましたが、作業スペースの横にはハンモックが吊るされ、そこで赤ちゃんが寝ている様子を見かけました。母親である織り手の女性は、時折ハンモックを揺らして赤ちゃんの顔を見ながら仕事をしています。

　もう少し大きい子どもは、学校が終わり帰ってくると、母親の横に来て、作業をじっと見ていたり、時折手伝ったりしています。

　森本さんは、「子どもの面倒を見ながら仕事するなんて非生産的に見えるかもしれないが、これが一番生産性の高い方法なのだ」と話していました。

　なぜなら、母が子を愛する気持ちは自然なものであり、誰かに預けていたら、「今頃、元気にしているかな？」「どうしているかな？」という気持ちが芽生えてきます。それは、気持ちが他のところにいってしまっていて、目の前の作業に集中できていない状態だということです。

　「うちみたいに手作業をする仕事は、その不安な気持ちや集中していない気持ちが、ひと織ひと織に出てしまいます。結果、製品の質が

落ちるのです。普通の人にはわからないかもしれませんが、見る人が見ればわかります。世界的レベルの仕事をしようと思ったら、そういった差が許されないのです」とも話していました。

　こんな話を聞くと、「そんなことは、カンボジアの牧歌的な雰囲気なところだからできるのであって、日本ではできない」と思う方も多いでしょう。
　しかし、ここで世界最高峰の織物が完成しているという事実に着目してもらいたいのです。

　「日本だからできない」というのは、単なる思い込みに過ぎないのではないでしょうか。森本さんは、論理的な生産性だけではなく、「人とはそういうものだ」という真理を理解して「真の生産性」を突き詰めたのだと思います。

雇用関係の終了

雇用の終了は2種類ある

雇用関係が終了するには2種類あります。

1つは、企業の側から雇用契約を一方的に終了する方法です。これを解雇といいます。

それに対して、従業員の側から契約の終了を申し出て終了する場合があります。また、定年や休職期間満了時に復職ができずに雇用関係が終了する場合、つまり、あらかじめ定めた一定の条件に該当したために契約が終了する場合があります。

加えて、契約期間が満了し契約が更新されないために契約が終了する場合などもあります。これら「解雇」以外の契約終了を一般的には「退職」と呼んでいます。

解雇の場合は解雇予告手当の支払いが必要など、手続きの方法が異なるので、**解雇と退職は明確に分けておく**必要があります。

定年退職の考え方

定年退職とは、従業員が一定年齢に達したときに労使双方の特段の意思表示がなくても当然に雇用契約が終了する制度です。法律では、**定年退職は60歳を下回ることができない**とされていますので注意が必要です。

反対に60歳を下回らなければ自由に設定することが可能です。さらに法律では65歳までの雇用義務と70歳までの努力義務を課しています。そのため再雇用の形でもかまいませんが、何らかの方法で65歳までの雇用が必要になります。

一般的に定年退職を定める方法は次のいずれかになると思いますが、誕生日を退職日とすると賃金計算期間の途中での退職となり、賃金計算の煩雑さや、引継ぎなどのことも考慮して③や④の形式をとるのが良いのではないかと考えます。

①満○○歳に達した日（○○歳の誕生日の前日）
②満○○歳の誕生日
③満○○歳の誕生日後の最初の賃金締切日
④満○○歳の誕生日の属する月の末日
⑤満○○歳の誕生日の属する年度末（3月31日）

――| 規定例 |――

【定年退職及び再雇用】
第○条　社員の定年退職日は、満65歳に達した日の属する月の末日とする。
2. 会社は、第1項により定年退職した社員に対して、満70歳に達した日の属する月の末日を限度に再雇用することがある。この場合の条件は個別に定める。

合意退職と辞職の違い

　従業員からの申し出による退職の場合であっても、企業側と合意のもとで退職する場合と、一方的な意思表示で退職する場合が考えられます。一般的に、前者は合意退職といい、後者は辞職といいます。

　企業としては、事前に申し出があり、引き継ぎや後任者の選任なども考慮しながら、退職日が合意できて、退職に至るほうがいいわけです。したがって、双方の合意のもとに、退職日も決定したいと考えるのが通常です。

　しかしながら、民法の定めでは、辞職の意思表示がされたときから2週間を経過した時点で退職の効力が生じることになっています。企業側としては納得がいかないかもしれませんが、従業員側からの一方

的申し出であったとしても期日が来れば、雇用契約の解消は有効になります。

そこで、企業としては何らかの策を講じておくことも検討します。

例えば、退職を希望する1か月以上前に会社に申し出て合意のもとで退職することを基本とします。そして、この場合は退職金を通常どおり支払います。

しかし、**1か月に満たない、直前になって一方的に退職（辞職）する場合は退職金の額を減額支給するようなルールをつくっておくのも有効**です。

退職願は書面でもらう

退職願は必ず書面でもらうようにします。というのも、退職予定日の食い違いを予防したり、後日、「退職願」の取下げ、つまり、「辞めるのを止めた」というようなことを防止するためです。

ちなみに、退職の取下げですが、従業員から「退職願」を受けて企業側が退職を承諾した場合、その日以降は従業員本人の一方的な意思による退職願の取下げはできません。

「辞める。いや、やっぱり辞めない」といったことで企業側が翻弄されないためにも、企業が退職を認めるのであれば「承諾」の意思表示をはっきりさせ、退職を確定させることが重要です。こうすれば、後に退職の意思の取下げがあったとしても、原則、企業は認めず、企業にとって会社に残ってもらうほうがメリットがある場合のみ取下げを認めればよくなります。

この場合、会社の承諾は口頭でも有効ですが、後日「承認した」「承認していない」といったトラブルを防止するために必ず書面で発行することをお勧めします。

復職できない場合は解雇ではない

私傷病休職中の従業員が休職期間満了日までに復職できない場合は、原則そのまま雇用関係が終了します。

この場合の扱いは解雇になるのでしょうか？　それとも退職なので

しょうか？

　一般的には「退職」の扱いとしておきます。なぜならば、次項で解説する**「解雇」の扱いにすると、30日以上前の解雇予告か、解雇予告手当の支払いが必要になる**からです。

　通常は、そのようなことはせず、就業規則の「退職」の欄に「休職期間満了日までに復職できない場合は、退職の扱いとする」と定めておき、「このルールに該当するための退職」という扱いにしておきます。

　これは定年退職と同じで、本人からの希望ではないが、あらかじめ定めた一定のルールに該当したために当然に雇用契約が終了するという考え方です。

労使が合意して契約が解消される場合

　会社側の都合、もしくは意思によって雇用関係を終了させたい場合に、従業員の意思に関係なく、一方的に雇用関係を終了させることを解雇といいますが、実務的にはそのような場面は多くはありません。

　実際は、まず企業側から従業員に雇用契約の解消をしたい旨を申し出ます。そして、本人との話し合いのもと合意に至り、雇用契約が解消されるからです。

　従業員にとって合意は「しぶしぶ」かもしれませんが、多くのケースでは一方的に契約が解消されるのではなく、お互いの意思のもとで解消されるのです。これを一般的には「企業側の退職勧奨に基づく合意退職」といったりします。そして、**合意退職は解雇ではないので、解雇予告手当の支払いなども必要ありません。**

　終身雇用という概念がなくなりつつある昨今では、解雇はしないものの退職を働きかけるケースは増えてきているように思えます。

　このようなケースの場合、就業規則の何に該当しての退職となるのでしょうか。つまり、「就業規則第○条第○項に基づいた退職」と具体的に該当箇所を指し示すことができるのでしょうか？

　多くの企業の就業規則を見てみると、退職勧奨によって合意に至ったケースに関することは記載されていません。一般的な就業規則の退

職事由では、自己都合退職、契約期間満了により更新されない場合の退職などの規定があるのですが、退職勧奨によって合意に至ったケースを想定した内容は書かれていないのです。

退職勧奨は、解雇ととても類似しているために、「今回の契約の解消が『解雇』であった」と、裁判に発展する可能性があります。

解雇の場合は、解雇の有効性を争うことができます。それに対して「合意退職」の場合は、すでに合意がなされているわけですから、合意の取り方が強引であったことについて争われる可能性はありますが、解雇よりも争いに発展する可能性は低いと考えます。

上記のような無用な裁判に発展することを避けるためにも、**会社と従業員の間で退職について合意したときも「退職」の扱いとする旨のルールを就業規則に定めておきます。**

| 規定例 |

【退　　職】
第〇条　社員が次の各号の一に該当したときは退職とする。
①死亡したとき……死亡した日
②退職を願い出て承認されたとき……会社が承認した退職日
③休職期間が満了しても休職事由が消滅しないとき……休職期間
　満了日

(中略)

⑥定年に達したとき……第〇条で定めた日
⑦期間を定めて雇用された者の雇用期間が満了したとき……雇用
　期間満了日
⑧専任取締役に就任したとき……就任日の前日
⑨その他退職につき労使双方が合意したとき……合意により決定
　した日

引き継ぎの義務も定めておく

　退職する従業員の中には、退職願の提出とともに、残っている有給休暇を取得して、ほとんど出社せずにそのまま退職してしまう従業員もいます。

　有給休暇を取得するのは従業員の権利であり、また、この場合、企業は時季変更権を行使しようにも、変更する日がないので、結局は本人の希望日に有給休暇を与えるしかありません。

　しかし、これでは引継ぎをしっかりと行えないことになり、実務上は大変な問題が起こります。

　「有給休暇を取るな」と言うことはできませんが、このようなケースのときには、就業規則に「引き継ぎを完了させる義務」を定めておきます。

　その際、「誰に引き継ぎをするのか」「何をもって完了とするのか」を明確に定めておくことが重要です。

　例えば、**「引き継ぎは、所属長の指示した方法により所属長が指名した従業員に対して引き継ぐこと。また、所属長により指名された従業員並びに所属長から引継ぎ完了の承認を得ることにより完了とする」**などと定めます。

　よく問題として起こるのが、退職する従業員が簡単に引き継ぎし、所属長に「終わりました」と報告してくることです。早く辞めたい本人だけの判断にさせず、引き継ぐ者の承認を必ず得るようにします。

　「承認した」ということは、その後は、引き継いだ者が責任を負うことになります。後日、引き継ぎ不足で不明点などが出てきたとき、その責任は引き継いだ者に及ぶので、適当な承認はできません。

　このようなルールで退職者が易きに流れにくい仕組みにしておき、最後まで良好なパートナー関係が維持できるようにしておきます。

　なお、**引き継ぎを完了せずに退職した場合は退職金を減額支給する旨を定めておくのも1つの手**です。

　仕事をしている間に、たいていは多くの秘密情報や、顧客情報、個人情報に触れることになります。これらの情報について、持ち出して転職先で使用したり、公開したりすることは当然ながら許されません。

　そこで退職時に、「今後も働く上で知り得た情報について守秘義務を守る」旨の誓約書を提出してもらいます。

　守秘義務に関する誓約書は、理想としては最低でも採用時と退職時の2回もらうとよいでしょう。

　1回目は入社時にもらいます。入社時は、これからどんな情報に触れるのかわかりませんから、「業務を遂行するにあたり知り得た秘密情報、顧客情報、従業員の個人情報、その他これらに準ずる情報については、在職中も退社後も第三者に口外するなど情報漏洩させません」という旨の誓約書をもらいます。

　その後、仕事の関係上、新商品開発プロジェクトに参加するなどして重要な秘密情報に触れることになる場合はその都度、具体的に内容を特定させて誓約書をもらいます。

　さらに退職時には、今までその従業員が在職中に具体的に触れたであろう秘密情報を確認して、それらを明確にした誓約書をもらいます。

　つまり、入社時と退職時は従業員全員、重要な秘密情報に触れる従業員にはさらにプロジェクト等に応じてその都度もらうようにするのです。

　時折、企業側から、「従業員が誓約書を提出しないと言っているのですが、提出の強制は可能でしょうか？」という相談を受けることがあります。

　残念ながら、誓約書の提出を強制することはできません。というのも、誓約書は字のとおり誓う書類ですから、その人の意思でもって書かれなければならないからです。したがって、提出することを拒む人がいた場合は、誓約書の意味などを説明して、提出してもらうように

説得はするべきでしょう。

　それでも提出しないときはどうすればよいのでしょうか。

　それが、入社時であれば、提出を採用の条件とし、提出がなければ採用を見送るのがいいと私は思います。

　退職時の場合は次のように伝えておけばよいと考えます。

　「提出いただけないのであれば、それでかまいません。人事記録にその旨を記録しておきます。なお、退職後も当然に守秘義務はありますので、誓約書の有無に関係なく、秘密情報や顧客情報を転職先に持ち出すなどのことはできませんので、ご承知おきください。万が一、**情報の持ち出しがあり訴訟等になった場合は、誓約書の提出を拒んだ旨の人事記録を1つの訴訟書類として提出させてもらいます**」。

規定例

【雇用契約終了時の義務】

第〇条　会社の雇用契約が終了する社員は、身分証明書、健康保険証、その他会社から貸与されたものを遅滞なく返還する必要がある。

2. 雇用契約が終了する社員は、会社が指定する日までに必要な業務を後任者に引き継ぐ義務を負う。

3. 第2項の引き継ぎは、所属長が指示した方法により、所属長が指名した者に引き継ぐものとする。なお、引き継ぎは、所属長から指名された者若しくは所属長から引き継ぎ完了の承認を得ることで完了とする。

4. 雇用契約が終了する社員は、退職後における秘密保持等の誓約書を会社に提出するものとする。

　最近では無断欠勤が続き、そのまま企業側に何の連絡もせずにフェードアウトしてしまう従業員も当たり前のように見受けられるようになりました。その際に、連絡がつけばよいのですが、電話をしても出てもらえず、自宅を訪問しても居留守を使うケースもよく耳にします。

　企業側からしてみると、これはある意味「行方不明状態」ともいえます。無断欠勤も続くわけですから、懲戒解雇の対象になり得ます。

　しかしながら、懲戒解雇を有効にしようと思うと、問題が生じます。なぜなら、解雇はその意思表示が本人に到達してはじめて効力が発生するからです。行方不明状態ですと、本人に意思を到達させることができない可能性があるわけです。

　法律では行方不明などで解雇の意思を到達させることができない場合は、公示送達という方法で意思表示をすることになります。これは、民事訴訟法の規定に従い、裁判所の掲示板に掲示する方法で、一定期間が経過すると、本人に意思表示が到達したとみなすことができます。

　ただし、手続きは面倒ですし、裁判所の掲示板に自社の名前が掲載されること自体、好ましいともいえませんから、実際に公示送達をやる企業は少数です。

　そこで、このような場合のために、退職規定に、「会社に届出のない欠勤が休日も含め連続○日に及んだとき」といったルールを明記しておきます。

　つまり、**何の連絡もなく無断欠勤が続く場合は、その行為自体が退職の意思表示であるとみなし、退職の扱いにできるような内容にしておく**のです。

　ではこの場合、何日間の無断欠勤が続いたらそのような意思表示とみなせるのでしょうか。

　これについて、法律上の定めはありませんが、私見では30日程度

と考えます。

　というのも、辞職の申し出の場合は、14日が経過した時点で契約が解消されます。また、企業側からの解雇の場合は30日前の予告が義務づけられています。これらを鑑みて、妥当な日数は14日から30日の間とし、長めに30日取っておくのがいいのではないかという判断です。

　また、「無断欠勤を続けており、もう退職するのだろうと思っていたら、3週間後に出社してきた場合はどうすればいいのでしょうか?」といった相談も時々受けることがあります。その場合は、就業規則の懲戒解雇規定に該当するようであれば、その時点で懲戒解雇を直接、言い渡すようにします。

規定例

【退　　職】

第〇条　社員が次の各号の一に該当したときは退職とする。

（中略）

④会社に届出のない欠勤が所定の休日も含め連続30日に及んだとき……30日を経過した日

⑤社員の行方が不明となり、30日以上連絡が取れないときで、解雇手続きを取れないとき……30日を経過した日

（後略）

退職を早めに申し出てもらうための工夫

　退職の申し出期間を1か月程度としている企業は多いことでしょう。しかし、人材の確保が難しい職種に就いている従業員が退職する場合や、引き継ぎに相当の時間を要する業務に就いている従業員が退職する場合、1か月では不十分なこともあります。

　ある歯科医院は技術力のあるスタッフだけを雇っており、賃金も相場より高めに設定しています。それでも、病院基準に合うスタッフを採用するのは容易ではありません。特に歯科衛生士は条件に合う人がなかなか採用できず、1か月前に退職の申し出を受け、そこから求人したところで、まず見つかりません。

　あるIT企業も、従業員退職時の引き継ぎの問題で頭を悩ませていました。事業内容が客先企業に常駐してシステム開発を行うことで、従業員は少し特殊な高い技術力が求められる業務に就いているため、代わりの人材はなかなか見つかりませんし、見つかったとしても引き継ぎに時間を要するのです。

　上記2社のような事態に困っている企業は珍しくありません。

　「それなら退職の申し出を3か月前とか6か月前に伸ばせばよいのでは？」と思われるかもしれません。確かに規定上は定めることができますが、あまりにも長い期間は実効性を伴いません。

　そこで私は、退職の申し出は1か月前とする一方で、**早めに退職の申し出をしてくれた場合は特別退職金を出す**というルールを提案してみました。

　前述のIT企業では、「3か月前までに申し出た場合は基本給1か月分の特別退職金を、6か月前までに申し出た場合は基本給2か月分の特別退職金を支給する」としました。

　かなり以前から自分の胸の内では退職を決めている場合や、少し先

の転職をにらんで転職活動をしている場合などは少なくありません。配偶者の転勤で退職時期が早々に決まっているものの、言い出しにくくて直前に申し出るケースなどもかなりあります。

　同社では、「お金を特別に支払ってでも、早めに申し出てくれたほうが業務に支障をきたすことがなく、メリットがある」と判断し、前述したルールにしたのでした。実際にルール導入後、早い時期に退職を申し出てくれる人が増え、人材確保はやりやすくなったといいます。
　退職時の引き継ぎ等で困っている場合は、こうした制度を検討してみるのも一案です。

規定例

【早期退職表明一時金】

第○条　会社は、次に定める時期に退職願を会社に提出し、会社の承認を得て、かつ第2項の要件を満たした社員に、早期退職表明一時金を退職後に支給する。

　時期　　　退職希望日より3か月以上前に提出

　支給額　　基本給×1か月分（ただし、上限を○○万円とする）

2. 早期退職表明一時金は、次の各号のすべてを満たしている社員に支給される。

①退職希望日において、勤続年数が3年以上であること。

②退職希望日から1年以内に定年退職、雇用契約期間満了など、そもそも雇用関係が終了することが予定されていないこと。

③退職願提出日において、休職中など勤務免除期間中ではないこと。

④退職願を提出した日から退職日までの間において、所定労働時間のすべてに勤務した実労働日が、所定労働日の80％以上であること。

解雇

あえて解雇しづらいルールを自らつくっているケースも…

　一部の従業員（試用期間中で雇い入れから14日以内の者など）を除き、解雇するときは30日以上前に解雇予告するか、解雇予告手当の支払いが必要です。

　ただし、以下の要件に該当し、労働基準監督署の認定を受けた場合は、解雇予告手当を支払わずに解雇することができます。この認定を「解雇予告の除外認定」といいます。

①天災事変その他やむを得ない事由のために事業の継続が不可能となった場合

②労働者の責めに帰すべき事由がある場合

　就業規則をチェックしていると時折、「懲戒解雇する場合は、労働基準監督署の解雇予告の除外認定を受けて即日解雇する」といった旨の規定を定めているケースがあります。

　法律上の問題はありませんが、これだと解雇予告の除外認定を受けない限り、即日解雇ができません。

　また、**解雇予告の除外認定は労働基準監督署の基準に沿って判断されるため、認定を受けられるケースは非常に限定的です。**基準に該当する場合でも、その事実について従業員本人が否認し、争う姿勢を見せている場合は認定を出しません。

　手続き的には、解雇予告手当を支払えば即日解雇は可能です。あえて解雇できる幅を狭く限定するルールをつくる必要はないでしょう。

　法律では、就業規則において解雇の事由を記載することが求められています。つまり、就業規則に定めがない事由で解雇することはできません。

　では、解雇の事由は、どの程度、具体的に記載する必要があるのでしょうか。

　企業側からすると、「解雇する必要があるのに解雇できない」といった事態は避けたいわけです。すると、規定の細かさをどのくらいにするのかが悩ましくなります。

　あまり細かく規定すると、規定と規定の間に抜け落ちてしまう事由が生じる可能性があります。かといって、ざっくり規定すると、どのような場合が解雇に該当するかがはっきりしません。

　このあたりは感覚的につかみ取るしかないのかもしれませんが、一般的には、「遅刻が〇回以上続いた場合」など具体的な数値は設定せずに、勤怠不良、能力不足、勤務態度不良、事業の縮小などの視点で大雑把に定めておきます。

　このときに大事なのは次の2点です。

① 包括規定をおく

　解雇の事由を大雑把に記載しても、想定し得ない事態が起こる可能性もあります。そのような場合にも対応できるように、「その他規定に準ずるような解雇事由があるとき」という旨の規定を入れておきます。

　とはいえ、実務上、この規定に当てはめた解雇は、具体性に乏しいためハードルが高いです。**やむを得ない場合の保険のような意味合い**と理解しておくとよいでしょう。

② 余計な修飾語をつけない

　解雇の事由に関して、「勤務態度が著しく不良で改善の見込みがない場合」あるいは「再三注意しても改善が見込まれない場合」と規定

している就業規則をよく見かけます。

　事実、解雇は、勤務態度が少し悪い程度やちょっと注意した程度ではできません。しかし、就業規則に「著しく」「再三」といった修飾語をつけておくと、**「勤務態度が著しく不良であること」「再三注意したこと」を企業側が証明しないといけなくなります。**

　例えば、従業員から、「確かに私は勤務態度が不良だったかもしれませんが、『著しい』とはいえないはず。この解雇はおかしい」と訴えられたときを想像してください。何をもって「著しく不良」かを証明するのは困難ですし、そういう議論に巻き込まれたくもないでしょう。

　規定上は「勤務態度不良で就業に適さないと認めたとき」などとし、「著しく」「再三」といった修飾語の活用は最小限度に留めることをお勧めします。

規定例

【解　　雇】

第○条　会社は、社員が次の各号の一に該当するときは、解雇することができる。

2. 精神又は身体上の故障により業務に耐えられないと会社が判断したとき。

3. 能力不足又は勤務態度不良で就業に適さないと会社が判断したとき、若しくは他の社員の業務遂行に悪影響を及ぼすとき。

4. 事業所閉鎖・廃止、業務縮小、業績不振など、雇用を継続しがたい事由があるとき。

5. 試用期間中、又は試用期間満了時に社員として不適当と会社が判断したとき。

6. 第○条第○項による打切補償を行ったとき。

7. 懲戒解雇に該当する事由があるが情状酌量の余地があり、普通解雇が相当と会社が判断したとき。

8. その他前各号に準ずる雇用が継続できないやむを得ない事由があったとき。

あえて言いたい。解雇は極力避けよう

　私は基本的に解雇は極力避けたほうがいいと考えています。

　読者の皆さんも「解雇は難しい」と理解している方が多いのではないでしょうか。それはある意味間違いではありません。

　解雇は常に争いに発展する可能性をはらんでいます。裁判ともなれば1年や2年、長く争えば3年、4年と決着を見ないケースもあります。また、企業側の主張がとおる可能性も高くありません。

　このような話をすると、「裁判で負けたらそれまでだ！」と威勢のいい言葉が返ってくる企業関係者もいらっしゃいます。ただ、私の実感として、「解雇の正当性を争う裁判に負ける」ということが何を意味するか、わかっておられない方も相当数います。

　「企業側が裁判に負け、解雇が無効になる」というのは、従業員としての地位が残るということです。

　それはどういうことでしょうか。争っている間、企業側は解雇した相手が当社の従業員という認識がありませんから、賃金は支払っていません。しかし、裁判で負けが確定した瞬間から、解雇した当時に遡って現在まで「自社の従業員である」ということが確定します。そうすると、その間の賃金が未払いということになります。

　「その間、働いていないのだから、賃金なんて支払う必要ないでしょ！」と思うかもしれません。もちろん、従業員の都合で働かなかったのであれば支払う必要はありませんが、この場合は、従業員が働きたくても企業が働くことを許さなかったわけですから、賃金を支払う必要があります。

　さらにやっかいなのは、裁判で負けた時点でいまだに従業員ということです。「いろいろあったけど、明日から仲直りして一緒に働こう！」となるでしょうか？　そうなるくらいなら最初から争いません。企業としては、その時点で改めて従業員と交渉し、お金を払って合意のも

とで辞めてもらうことになるわけです。

　仮に裁判に1年かかり、その従業員の年収が500万円だとします。そうすると、1年分の未払い賃金500万円、さらに辞めてもらうための特別退職金として300万円払ったとします、加えて弁護士費用や未払い賃金に対する遅延利息なども支払うと、1,000万円は余裕で超えてしまいます。

　私は企業関係者から解雇に関する相談を受けた際、話し合いのもとに合意で退職できるようにすることをお勧めしています。

　特に成績不良や能力不足で雇用の継続が難しい場合は、そうすべきだと考えます。この場合に大事なのは、**本人の能力が向上することを諦めず、教育を優先しながら、時間をかけて丁寧に「成長する場」をつくっていくこと**です。

　ありがちなのが、管理者や経営者はその人の仕事ぶりにイライラしていることを本人には伝えず、ある時点で堪忍袋の緒が切れて、急に「解雇する」と言い出すパターンです。

　そうしたやり方ではなく、問題があれば、その都度注意していきます。それでも改まらない場合は、面接の場を設け、問題点を具体的に指摘し、それをいつまでに、どのように改善するのかを労使で共有します。そうした場を複数回、持ちます。

　そのとき、問題点を自分の言葉で話してもらうことが重要です。人は大体、自分の問題点を心の中では認識しています。自覚している内容を、あえて当人の口から言ってもらうことで、問題点はよく認識できるようになります。

　この流れが非常に大事です。従業員の問題点が改善されるかもしれませんし、改善が無理だとしても、自分の弱点を認識することができます。

　私の経験上、このような場を持つことで従業員の問題点が改善されれば、そのまま雇用を継続すればいいですし、うまくいかない場合も、

本人が自分の問題を認識しているので、転職活動を始める人も出てきます。そして、転職先が決まれば自ら退職していきます。

　たとえ次の職場が見つからず、企業側との一連の流れを通じた関わり合いの中で問題解決に向かわない場合でも、その従業員は最終的に企業からの退職勧奨を受け入れやすくなります。

　このやり方は時間と手間はもちろん、活躍しない従業員を自社においておくことにもなるのでコストもかかります。しかしながら、労使間で争う可能性が低くなるだけでなく、企業側の丁寧な対応が当事者以外の従業員から共感されるようになります。

　良好なパートナー関係の構築にあたり、こういったところにエネルギーやお金をかけることも大事なポイントなのです。

　そういう意味では、日頃から利益体質を心がけ、内部留保をたくさん持つことが改めて重要だといえます。

安全衛生・健康管理

安全衛生教育をないがしろにしない

　安全衛生への真剣な取組みは災害を防止するだけでなく、安心・安全な場づくりに貢献し、良好なパートナー関係を構築する上で欠かせない重要な経営事項です。

　安全衛生については、業種と規模によって職場に求められる義務が労働安全衛生法で定められています。就業規則上には特段留意すべき点のみを定め、**必要に応じて細則を別規程に定める**とよいでしょう。

　なお、法律では雇い入れのときと作業内容を変更したとき、安全衛生に関する教育の実施義務を定めています。

　特に雇い入れの際は、従業員との信頼関係を構築する大切な時間です。就業規則全般の解説やカルチャーの説明の中に、雇い入れ時の安全衛生に関する教育もプログラム化しておきましょう。

産業医の勉強会を実施する

　法律には常時50人以上の従業員がいる事業場に対し、従業員の健康管理等を行う産業医の選任を義務づけています。

　都内にある建設業の企業は、従業員数50人未満にもかかわらず産業医と契約しています。月に1回行われる、役員、経営幹部、人事・総務責任者を集めた「人事労務会議」には、産業医と社労士である私も出席しています。

　この会議では産業医による勉強会も同時に開催され、そのシーズン、環境にマッチしたテーマについて、医学的な立場から話をしてもらっ

ています。

　新型コロナウイルス感染症禍では、免疫力の高め方やテレワーク時の部下の体調ケアの仕方などがテーマになっていました。

　同社の場合、産業医の勉強会に参加した幹部社員を通じて、会社全体へと安全衛生の意識が高められている様子です。

　「産業医の選任はしているけれど、特段何もしてもらっていない」という企業は多いかもしれませんが、企業が従業員の健康に配慮している姿勢は良好なパートナー関係の構築に有効です。**産業医を積極的に活用する**ことは検討に値します。

健康診断に関して最低限知っておきたいこと

　健康診断に関しては企業側から受ける「定番の質問」があります。ここでは、その回答として、最低限知っておきたいことを3点、簡潔に解説します。

① 健康診断の対象者にパートタイマー等は含まれるか

　健康診断は基本的に1年に1度実施しなければなりません。そのほか、有害な業務として政令で定められている業務に従事する従業員は、特別な項目について健康診断を受診する必要があります。これらは法律で定められた健康診断ですから、従業員は受診する義務があります。

　なお、以下をすべて満たすパートタイマーやアルバイトは健康診断の対象者となります。

・1年以上雇用されることが予定されている。
・1週間の労働時間数が、当該事業場において同種の業務に従事する通常の労働者の1週間の所定労働時間数の4分3以上。

② 健康診断の時間は労働時間か

　健康診断の時間は労働時間か否かについて、**厚生労働省は「労働時間とすることが望ましい」としていますが、法律上の定めはありません**。したがって、就業規則上でどちらに該当するのかはっきりさせておいたほうがよいでしょう。

③健康診断に要した費用は誰が負担するか

　健康診断はその実施を企業に義務づけたものですので、その実施費用は企業負担になります。

　しかし、企業が指定した機関での受診を拒み、従業員自身のかかりつけ医での診断を希望するような場合はどうなるでしょうか。

　法律では、「事業者が指定した医師又は歯科医師が行う健康診断を受けることを希望しない場合において、他の医師又は歯科医師の健康診断を受け、その結果を証明する書面を提出することでもいい」旨を定めています。

　したがって、上記のような従業員の要望を受け入れることはできますが、**かかりつけ医で負担した費用をどうするのかは法律に定めがな**いので、企業側が就業規則で定めておく必要があります。

　私がお勧めしているのは、企業の実施する健康診断の費用の範囲までは企業負担とし、それを超える場合の差額分は本人負担としておくと不公平感がないと考えます。

規定例

【健康診断】
第〇条　社員は、会社が毎年行う定期健康診断を受ける義務がある。また、法令で定められた特定業務に従事する社員に対しては、定期健康診断の他に健康診断を行う場合がある。

2. 第1項の健康診断は、会社が指定した医療機関で所定労働時間中に行うことを原則とする。

3. 第2項にかかわらず、会社が指定した医療機関以外での診断を希望する社員は、その旨を会社に申し出て、別の医療機関で受診することができる。ただし、この場合でも法律上で定められた定期健康診断項目を必ず受診しなければならない。

4. 健康診断の時間は、労働時間とするが、第3項の定めにより会社指定外の医療機関での受診は業務時間外に行うものとし、労働時間とはしない。

5. 会社指定外の医療機関で行った健康診断に要した費用については、会社指定の医療機関を受診した場合に要する費用を上限に会社が負担することとし、健康診断に要した交通費等は全額自己負担とする。

6. 健康診断の結果は、法律の定めに従い、会社も確認及び保管するものとする。したがって、会社指定外の医療機関で受診した社員も、その結果を会社に提出する義務がある。

7. 会社は、健康診断の結果、特に必要があるときは、当該社員の就業を一定期間禁止し、又は労働時間の短縮、配置転換その他必要な措置を行うことがある。

医師による面接指導が必要なケース

　企業は、**1週間あたり40時間を超えて労働させた場合で、その超えた時間が1か月あたり80時間を超え、かつ、疲労の蓄積が認められる従業員**については、その者の申し出により医師による面接指導を行う必要があります。

就業制限の対象となる指定感染症と休業手当

　法律では感染症を一類から五類までに分類しています。その中で、一類から三類までの感染症に感染した場合は、都道府県知事が就業制限や入院勧告といった措置を取ることとされており、新型コロナウイルス感染症もこの中に入っています。

　新型コロナウイルスに感染した場合は、本人の希望や企業の方針ではなく、法律上、働くことができなくなります。

　この場合は、企業の責任による休業ではないので、**感染した従業員に対する休業手当の支払いは不要**です。

　濃厚接触者は感染の疑いがあるだけであり、感染が決まったわけではありません。この場合、法律上の就業禁止には該当しません。

　しかし、**企業が周囲の従業員等への安全衛生に配慮し、濃厚接触者の従業員を休業させる場合は、企業側の判断で休業させたと考えられるため、休業手当の支払いが必要**です。

　新型コロナウイルスに限らず、今後も新たな感染症が発生する可能性はあります。

　就業規則上では、都道府県知事により就業が禁止される場合、その他企業が安全衛生に配慮するために自主的に休業させる場合に、賃金支払いの有無などの社内ルールがあるならば、誤解のないようにしっかり明文化しておきましょう。

表彰と懲戒

社風の良い企業は表彰制度を大切にしている

2002年に社会保険労務士として開業して約19年、大企業から零細企業、北海道から沖縄まで、多数かつ幅広い業種の企業に関わってきました。その数は1,000社を優に超えています。

そうした経験から、社風の良い企業と悪い企業が、その企業に触れて1時間もすると、だいたいわかるようになってきました。社風の良い企業のほとんどに表彰制度があり、それを大切にしています。

普段の仕事ぶりを企業側がしっかりと見ており、それを目に見える形でフィードバックする、それが表彰制度です。

人には承認欲求があり、誰かに認めてもらえると、自己重要感が増すことになります。表彰制度があり、それがしっかりと機能していることは、従業員の安心・安全に寄与し、良好なパートナー関係の構築に役立つのです。

就業規則に基づいて表彰することが重要

就業規則には、「こんな場合に表彰をする」という具体的な表彰事由を明確に示しておきましょう。会社の正式なルールに基づいていることが表彰を格調高いものにし、その格調高い制度に基づいて表彰されたという事実が従業員の自己重要感を満たすからです。

したがって、表彰する際も、格調高く執り行うように工夫するようにしましょう。

　表彰というと永年勤続表彰をイメージする方が多いようですが、それだけではなく、人を褒め称えることを出し惜しみする必要はありません。もっと工夫しましょう。

　ある企業は年に1回の社員総会で表彰を行いますが、なるべく多くの従業員にスポットがあたるように、多様な視点から称えるべきポイントを見つけ出し、多数の従業員を表彰するようにしています。

　「たくさんの従業員を称えたい」という意識で満たされた職場をつくることも経営者や人事部門の重要な仕事の1つです。そうした意識で経営や部門の仕事に携わっている企業と、そうでない企業とでは、テレワーク化が進み、人と人が交流する機会がより少なくなっていく将来、労使間の信頼関係に差がついていくことが容易に想像できます。

規定例

【表　　彰】

第○条　社員が、次の各号の一に該当する場合は、その都度選考の上、表彰する。

①技術優秀、品行方正、業務熱心で他の模範となるとき。

②業務上有益な発明、改良、又は工夫、考案のあったとき。

③災害を未然に防止し、又は災害の際、特に功労のあったとき。

④社会的功績があり、会社の名誉となる行為があったとき。

⑤模範的な勤務態度で長年にわたり継続勤務したとき。

⑥自らの業務の範囲を超えて、若しくは業務と関連のないことにおいて積極的に他の従業員や所属長をサポートし、良好な組織風土の醸成、維持に貢献したとき。

⑦その他前各号に準ずる善行又は功労のあったとき。

2. 第1項の表彰は、賞状を授与し、賞品又は賞金を贈って行う。

　表彰の反対となるのが懲戒処分です。企業側が留意したい次の4点について解説します。

　　①懲戒は種類と程度を定める

　　②懲罰委員会を開催できる自信がなければ就業規則に定めない

　　③懲戒事由は具体的に定める

　　④退職金との関係にも注意する

① 懲戒は種類と程度を定める

　懲戒処分をルールとする場合は、その種類を就業規則に定めます。一般的な種類としては、処分が軽い順に、(1)譴責(けんせき)、(2)減給、(3)出勤停止、(4)諭旨(ゆし)退職、(5)懲戒解雇があります。

(1)譴責

　始末書を提出させ将来を戒める処分です。

(2)減給

　その名のとおり、懲戒として賃金を減額する行為です。

　減給については法律上の制限があり、**1回の事案につき平均賃金の1日分の半額を超えることができず、かつ、減給額の総額がその賃金支払い期間において賃金総額の10分の1を超えることができません。**

　仮に無断欠勤が減給処分の対象となっている企業で、5日連続無断欠勤した場合であっても、1日につき平均賃金の半額以内の減給、かつ、総額で10分の1以内までしか減給できないことになります。

　なお、**減給事項が重なり、総額が10分の1を超えてしまう場合は、翌月以降に繰り越して減給することもできますが、この場合はその旨を就業規則に定めておきます。**

　時折、テレビや新聞などを通じて、「不祥事を起こした担当責任者の基本給を半年間20％減給とする」といった報道に触れることがありますが、推測するに次のような状況かと思います。

- その対象者が役員のため労働法の対象ではないケース
- 評価に反映させて、マイナス査定により基本給の20％×6か月相当分の賞与が支給されないケース
- 実際は出勤停止処分を行い、それに伴い賃金が支払われない金額を示しているケース
- 減給に関する法律を知らないケース（つまり法律違反になっているケース）

くれぐれも法律違反にならないよう留意してください。

(3)出勤停止

懲戒処分として出勤停止とし、その分の賃金を支払わない処分です。

企業によっては、「7日の出勤停止処分とし」など日数を限定しているケースがありますが、事案により7日では厳しすぎるケース、反対に7日では軽すぎるケースなど、事案によって処分内容は異なってくると思われます。**「30日以内の期間を定めて」**などと幅を持たすことができるようにしておくべきです。

(4)諭旨退職

退職願の提出を勧告し、提出がない場合は懲戒解雇とする処分です。

通常、「勧告から3日以内に提出がない場合は懲戒解雇とする」というように期限を定めますが、ケースにより適切な日数があると考えます。**「会社が定めた期日までに」**としておくことをお勧めします。

(5)懲戒解雇

懲戒処分としては一番重たい処分で、罰として解雇します。

この場合、労働基準監督署の解雇予告の除外認定を受けた場合は解雇予告手当を支払わず即日解雇するのが一般的です。しかし、就業規則の規定には注意が必要です。

解雇のところでも触れましたが、時折、「労働基準監督署の解雇予告除外認定を受けて即日解雇する」といった規定を設けている企業が見受けられます。このような規定になっていると、労働基準監督署が除外認定を出さない限り懲戒解雇自体できないことになってしまいま

す。

　規定では**除外認定の有無には言及せず即日解雇する**ということを明確にしておきます。実務上は、除外認定を受ければ解雇予告手当を支払わず、認定を受けない場合は予告手当を支払い即日解雇します。

━━━| 規定例 |━━━

【懲戒の種類及び程度】

第〇条　会社は、社員が、第〇章に定めた事項、その他就業規則並びに会社が定めた諸規程に違反したときは、その軽重に応じて懲戒することができる。

2. 懲戒はその違反の軽重及び情状に応じ、次の区分により行う。

(1)譴責(けんせき)　始末書を取り将来を戒める。

(2)減給　賃金を減給する。ただし、その範囲は、1回の事案に対して、平均賃金の1日分の半額以内、複数の事案があった場合の総額が1か月の賃金総額の10分の1以内とする。

(3)出勤停止　30労働日以内の期間を定めて出勤を停止し、その期間中の賃金は支払わない。状況により期間を延長する場合がある。

(4)諭旨退職　懲戒解雇相当の事由がある場合で、本人に反省が認められるとき、退職を勧告し退職させる。ただし会社が定めた期日までに退職願を提出しないときは懲戒解雇とする。

(5)懲戒解雇　予告期間を設けることなく即時解雇する。この場合において所轄労働基準監督署長の認定を受けたときは、解雇予告手当は支払わない。

---

②懲罰委員会を開催できる自信がなければ就業規則に定めない

　「懲罰委員会を開催し、そこで懲戒処分の内容を決定する。もしくは、委員会にて諮問する」といったルールを定めている就業規則を見かけることがあります。

公平性の観点から、従業員側の代表者も含めた委員会を設置し、そこで議論するのは大切なことです。そのような制度があることが望ましいのは言うまでもありません。

　ただし、これをルールにするのであれば必ず実行しないといけません。何が言いたいのかというと、**懲罰委員会の開催を確実に実行する自信がないのであればルールとして定めるのはやめましょう**ということです。

　中小企業などでは、オーナー経営者の意向で物事が決まる部分も大きいはずです。そうした企業であるならば、あえてルール化しなくてもいいのではないでしょうか。

　ただし、その場合、経営者は、より公平・冷静に物事を判断する覚悟が必要です。

　かなり昔の判例ですが、経営者の腹部を刃物で刺した従業員を懲戒解雇したところ、会社のルールにのっとって協議などが行われず解雇したとして、懲戒解雇が無効とされたケースもあります。これは極端な例かもしれませんが、それほど就業規則の規定は厳格だと理解したほうがよいでしょう。

③懲戒事由は具体的に定める

　「どのようなことをしたら懲戒処分となるか」を具体的に定めます。

　懲戒事由の定め方は一般的には次の3つがあります。

(1)「減給処分は次のような場合」など処分ごとに明確にするパターン

(2)軽い処分と重い処分にグループ化し、グループごとに懲戒事由を明確にするパターン

(3)懲戒事由を包括的に定めて、処分の種類とは対応させないパターン

　実務上は、同じ事項に該当するとしても程度の問題やその時の状況、本人の職責や反省度合いなど様々な要素が絡んでくるので、処分と種類を対応させない(3)のパターンが運用しやすいでしょう。

　私がお勧めするのは、(3)をベースに懲戒解雇処分だけ分けるパターンです。

　懲戒処分は、基本的に服務規律の裏返しで、服務規律に違反したこ

とにより処分となります。そこで、懲戒事由には、「就業規則第○条の服務規律に違反した場合」と記しておきます。

　この場合、服務規律で禁止行為や遵守すべき事項が具体的に定められていることが前提条件です。こうすることで、服務規律の章と懲戒処分の章で重複するような内容を記載することが避けられます。

　従業員視点に立ったときに、「禁止」「すべし」のような事項は極力少ない規定のほうが心理的に受け入れやすいと考えます。そこで、最も重たい処分で従業員への影響も大きい懲戒解雇についてのみ別建てで具体的に明示しておきます。

　なお、就業規則づくりで陥りがちなのが、処分や管理だけが作成目的になることです。就業規則は、問題を起こす一部の従業員を打ち負かすためのツールではなく、大多数の従業員が安心・安全に働くことができ、良好なパートナー関係を構築するためのツールであることを忘れてはいけません。**懲戒処分の章だけが分厚くなるような就業規則は極力避ける**べきです。

④ 退職金との関係にも注意する

　退職金制度がある企業の場合、懲戒解雇した従業員に退職金を支給しない、もしくは減額支給するルールを退職金規程に定めているのが一般的です。

　こうしたルールを設けることに問題はないのですが、**退職金の不支給事由をどこに持ってきているのか**については注意が必要です。

　どういうことかというと、「懲戒解雇した従業員には退職金を支給しない」となっているのか、「懲戒解雇事由に相当する事実があった従業員には退職金を支給しない」となっているのか、どちらなのかということです。

　次のようなケースを考えてみてください。

　Ａさんが会社のお金1,000万円を横領していたとします。通常、懲戒解雇処分になるでしょう。そこでＡさんは横領したことが気づかれる前に自己都合で退職しました。企業側がＡさんの非違行為に気づい

たのは、すでにＡさんが退職した後でした。

　このような場合、「懲戒解雇した従業員には退職金を支給しない」
旨のルールですと、退職金を支給することになってしまいます。なぜ
なら、Ａさんは懲戒解雇に相当する非違行為をしましたが、あくまで
も自己都合退職だからです。「そんなバカな」と思うかもしれませんが、
過去にそのような裁判例もあります。

　このようなルールを定めている企業は意外とたくさんあるので、今
一度、自社の退職金規程を見直してください。

新しい時代を生き抜くための視点

自治が効く大人の組織がますます必要になる

　組織は、単に人が所属しているだけの場ではありません。チームで
仕事をすることが求められます。

　「自分に与えられた役割を100％こなしているからいいじゃないか」
と言う人がいますが、それはチームの一員ではありません。チームで
は、共通する目標や目的に向かってメンバーの心を通わせ、1つにな
っていることが重要です。

　技術や社会全体の能力が向上している現代、単に役割を全うする人
の集団では、競争相手に圧倒的差をつける商品やサービスの提供はで
きません。だから、チームが必要なのです。

　そして、チームは、誰かに管理されるような窮屈な場では誕生しま
せん。かといって、ぬるま湯に浸かっているような、気の抜けた場で
も生まれません。

　テレワークが増えていくにつれ、チームづくりの新たな課題に直面
するケースは増えています。

　例えば、業務で上司が部下を管理する場面を想像してみてください。
部下が目の前にいれば、気を抜いているといったことも雰囲気から感
じ取り、注意できますが、テレワークでそれを感じ取るのは、やはり

難しいのです。

　そうすると、当然、組織に自治が必要になります。自治とは「自律した大人の社会」と言い換えてもよいでしょう。それをどう醸成していくのかが今後の課題です。

　最初から自律した人たちを雇用すればいいのかもしれませんが、そうした人材は世の中のごく一部でしょう。そんな人だけを雇おうとするのであれば、あなたの会社に相応の魅力が必要です。

　現実的には、今いる従業員を自律した大人に変えていかなければなりません。そのために「表彰制度」と「懲戒制度」が必要になってきます。

　今までの企業は、とかく表彰に対する意識が薄かったように思います。「懲戒事由は20も30も書いてあるのに、表彰事由は5つしかない」。こういった就業規則が非常に多いのです。

　おそらく過去の裁判などの情報に接する中で、「就業規則に書いていないことでは懲戒処分ができない」といった事実を知り、その部分だけがクローズアップされてしまった結果だと思います。

　ある意味で企業はそうせざるを得ないところもあります。これは立場上、私自身も大いに反省すべきことです。今まで携わった企業に、そうした価値観を植え付けてしまったと思っています。

　でも、従業員の立場になって考えたらどうでしょうか？
　「経営者は従業員を信用しておらず、罰することには興味があっても称賛することには興味がない」と受け取られても仕方がないでしょう。懲戒事由ばかりが書かれた就業規則では、労使の信頼関係を薄くすることはあっても、深めることはできません。

　これからの時代の就業規則は、懲戒事由をたくさん書くのであれば、それと同じくらい表彰事由も内容にこだわって規定すべきではないでしょうか。

賃 金

原則は現金手渡し。銀行振込みは例外

賃金については法律で以下の5原則が定められています。

①通貨払いの原則

②直接払いの原則

③全額払いの原則

④毎月1回以上払いの原則

⑤一定期日払いの原則

簡単にいってしまえば、「毎月1回以上決まった日に全額を通貨で直接本人支払わないといけない」ということです。

驚く方もいらっしゃるかもしれませんが、法律上ではいまだに現金手渡しが原則であって、銀行振込みは例外なのです。例外ですから、企業側が勝手に行うことはできず、本人の同意を得ないと行えません。

また、全額払いが原則ですから、社会保険料や所得税など**法律で認められているもの以外は勝手に賃金から控除することはできません**。

例えば、社宅・寮費用や従業員互助会費、社内預金、組合費、社販の購買代金などを控除したい場合は、個別の合意ではなく、労使協定を締結することになります。

過払金の回収ができるようにしておく

労使協定の締結を結べば、必要なものを賃金から控除することができます。この際に盛り込んでおきたいのは、**賃金の過払いがあった時の返金**についてです。

賃金計算の誤りなどで、本来支払うべきではなかった賃金が支払わ

れてしまうケースがまれにあります。この場合、返金してもらうこと
になるわけですが、労使の関係がうまくいっていないと返金を拒否す
るケースも出てきます。万が一のために、賃金控除という形で過払金
の回収が可能なようにしておくとよいでしょう。

　私が経験した例では、通勤手当が本人の申請誤りで毎月8,000円程
度多く支払われていました。総務部門のチェックが甘かったこともあ
り、その誤りに気づかずに1年超経過した結果、10万円弱もの過払い
になっていたのです。本人に返金をお願いしたものの、なかなか応じ
てもらえず、総務部門が相当苦労しました。

　このようなときのために労使協定を締結し、賃金規程を根拠に控除
できるようにしておきます。実務上は、一方的に控除するのではなく、
本人の事前同意を得ることになると思いますが、その際に、労使協定
と賃金規程を根拠に話をすれば、スムーズに進むことが多いでしょう。

　そのほか、**企業が従業員に何らかの事情で金銭を貸し付けるような
ことがあった場合に、その返済も賃金控除という形でできるように協
定しておきます。**

　ただし、この場合は、本人からの個別同意を得ることに加え、1回
に控除できる額の上限は、賃金から通勤手当及び税金や社会保険料を
控除した額の4分の1を超えることができないという裁判例がありま
す。実際に控除するときは、このことを念頭において対応します。

規定例

【賃金からの控除】
第○条　会社は、賃金の支給に際して、次の各号に掲げるものを
　　毎月の賃金から控除することができる。
①所得税
②住民税
③健康保険料（介護保険第2号被保険者については、介護保険料を含む）
④厚生年金保険料

⑤雇用保険料

　その他次の各号に掲げたもののうち、労使協定で定めたもの

⑥会社が貸し付けた貸付金の返済金

⑦社内親睦会、同好会の会費

⑧既支給の賃金に過払いがあった場合の返金

⑨上記の他、会社と金銭の精算が必要となった場合の当該金銭

賃金の締め日と支払日の間隔を調整する

　賃金規程改定に伴い、企業から受ける相談で時々あるのが、「賃金支払日を変えたい」というものです。この場合、大半のケースが、締め日から支払い日までの期日が短く、賃金計算にかかる作業が負担になっています。

　従業員数が少ない頃は何とかなっていたのですが、従業員数が増えてしまい、賃金計算処理のために担当者が毎月残業する事態となっているケースも少なくありません。

　中には、「20日締めの25日支払い」となっており、間に合わない場合は、概算で賃金を支払い、後日調整するということをやっている企業もありました。

　締め日と支払日の間隔は余裕をもって設定してください。私の感覚では、最低でも15日、できれば20日から25日くらいの間隔は持っておくべきだと思います。

　支払日の変更は、支払日が後ろ倒しになるのであれば不利益変更となるため、原則、従業員の同意が必要になってきます。たとえ従業員が少なく現状では問題がなくても、人数が多くなってくると全員から変更の同意を得るのは骨の折れる作業となりますので、早めに変更していくことをお勧めします。

手当や賃金体系は自社の価値観・戦略と合っているか?

　就業規則には自社の考え方を落とし込むことが大切ですが、就業規則をチェックしていると、矛盾するようなケースを見かけることが少

なくありません。主なケースを例示していきましょう。

　「お金は大切ですか？」と質問して、「いいえ」と答える人はまずいないのではないでしょうか。

　経営者をはじめとする企業関係者は、設備やマーケティングに投資する時は、投資額から最大限のリターンを得ようと、戦略的に考えます。

　それなのに、「従業員の賃金」となると、手当の内容や金額を戦略的に決めている企業は少ないように感じます。同じお金なのに、設備等への投資と同じような緻密さで賃金を支払っていない、つまり、お金を大切にしていないように感じてしまうのです。

　ここでいう「大切」とは「ケチ」とは違います。「その手当を支払ったら、どんな効果があるのか？」、そういったことを考えていないということです。

　世界的に有名なある外資系企業では、同業他社と比較して賃金額が一番高額にならないように設定しています。同業他社30社を選び、必ずそのうちの第10位くらいの賃金に設定するのだそうです。

　そうすると、従業員が同業他社への転職がちらついた際、仮に転職しても賃金は大してアップしないことに気がつきます。すると、「ちょっとしか賃金が上がらないのであれば、わざわざ転職することもないか」という心理が働き、その企業で働くことに大きな不満がない限り、転職が起こらない仕組みとしているのです。

　つまり、同業他社よりもお金を節約し、かつ、引き抜きが起こりにくいギリギリの額で賃金を設計しています。

　皆さんの会社はいかがでしょうか？　このように賃金に戦略を持っているでしょうか。

長く働いてもらう意思がないのに退職金を用意する？
　とある企業から就業規則の見直し依頼をもらったときの話です。

経営者の方は、「実力主義の会社なので、実力がある人だけが残ってくれればよく、全員に長く働いてもらおうとは思っていない」とお話しされました。その後、就業規則を拝読すると退職金規程がありました。

　「長く働いてもらうつもりがないなら退職金は不要なはずですが」。そう経営者に質問すると、特に深く考えておらず、企業なんだから退職金があるのが当たり前と思い込んでいたようでした。

　皆さんの企業はいかがでしょうか。同じことが起きていないでしょうか。**企業の雇用に対する考えとその政策はリンクさせてください。**就業規則上で、自社の考えとの矛盾が起こらないようにしましょう。

「管理職には大きな権限を!」と言いながら手当額がしょぼい?

　「うちは管理職がいまいちなんだ。もっとしっかりしてほしい」「管理職には大きな権限を与えて思いっきり成果を出してほしい」と語る経営者はたいへん多くおられます。そのとおりだと私も思います。

　そこで私は、「ところで、社長。部長にはどのくらいの手当を払っているのですか?」と質問します。

　すると、「部長手当として5万円払っています」という答えが返ってきて驚いたことがありました。中には3万円という会社もありました。

　正直言って、その額、しょぼいです。言葉が悪いかもしれませんが、その程度の額で大きな責任を持たせ、思いっきり働いてほしいというのは虫がよすぎます。5万円くらいであれば、繁忙期に残業が増えたら、一般従業員の賃金のほうが多くなっている可能性があります。

　責任は重くなり、部下の管理などストレスも増える中、少ない手当で良好なパートナー関係を維持しろというのは難しいでしょう。

　このように書くと、「お金で働くような管理職はいらない」という経営者もおられるかと思いますが、金額ではないのです。**責任は持たせるくせに、それに相応するような対価を払おうとしない、そういう企業の姿勢が良好なパートナー関係を維持させないのです。**

　手当の額は法律上の問題もはらみます。

　一般的に管理職は時間管理の対象から外し、時間外等の割増賃金の

支払い対象から外している企業が多いと考えます。

　しかし、気をつけていただきたいのは、法律で定めている管理職（管理監督者）は、その範囲が抽象的でありながらも非常に狭いのです。肩書が「部長」や「課長」だからといって、当然に認められるものでもありません。

　厚生労働省は、「『管理監督者』は労働条件の決定その他労務管理について経営者と一体的な立場にある者をいい（中略）『管理監督者』に当てはまるかどうかは、役職名ではなく、その職務内容、責任と権限、勤務態様等の実態によって判断します」としています。

　また、その要件として、①重要な職務内容を有している、②重要な責任と権限を有している、③労働時間などの規制になじまない勤務態様である、④地位に相応しい待遇である、としています。これをすごく簡単にいうと以下のようになるでしょう。

- 人事考課などに関与する権限がある。
- 経営上の重要事項に関して企画立案する権限がある。
- 一部署等の運営に対する責任と権限がある。
- 出退勤について誰かの許可を要さない。
- 店舗のシフトのようにその人がその時間にいないと仕事が回らないような状態になっていない。
- 上記の重い責任にふさわしいだけの賃金が支払われている。

　これらについてもはっきりとした線引きがあるわけでもなく、また、上記のすべてを満たさないと法律上の管理監督者とは認められないということではありません。厚生労働省は、一例として地方銀行の普通規模の支店の場合、副支店長までが管理監督者にあたるとの見解を通達で示しています。

　いずれにしても、法律上の管理職と認められる基準の1つとして大きな要素を占めるのが「手当の額」です。

　このように書くと、「そこまで能力の高い人なら喜んで支払う。そういう人がうちにはいないんだ」という経営者もいます。

それに対しては私は「無理して管理職にしなくてもいいではないですか？」と答えています。管理職を不在にしておき、本当にふさわしい人が育ってきたら、その人を管理職に指名したらどうでしょうか。空白にしておくことで、そのポジションを狙おうと燃える人も出てくるのではないでしょうか。

　もし、そのような人が何年も現れないのであれば、それは従業員の問題ではなく、企業の教育と採用に問題があるのです。

　少し厳しいことを書きましたが、仮に本当に人を育てる仕組みがなく、能力のある人が現れるのを待つだけでは、偶然性に頼る、非常にもろい組織体だと思います。企業の仕組みを変えない限り、いつまでも安定した組織とすることはできません。

　管理職の手当の額ですが、私の個人的な意見では、**法律上の管理監督者とするならば、10万円くらい、少なくても7万円くらい**とするのがいいのではないかと考えています。7万円あると、残業している部下と賃金の逆転が起きにくいからです。

　ちなみに、課長や係長などに役職手当は支払うが、法律上の管理監督者とは位置づけないで時間管理を行い、残業には割増賃金を支払うことは何ら問題ありません。

規定例

【管理職手当】

第○条　管理職手当は、会社が管理監督者として位置付ける役職
に就く社員に対して支給する。管理職手当の額は、以下のとお
りとする。なお、管理職手当を支給する者に対しては、深夜勤
務手当を除く割増賃金は支給しない。

役職	手当額（月額）
課長	80,000円
部長	100,000円

手当の見直しを検討するときの考え方

　最近は基本給と管理職手当のみなど、シンプルな賃金体系としている企業も増えてきていますが、まだまだ様々な手当をつけている企業のほうが多いのが実情です。

　それらの手当は、自社のカルチャーの体現や戦略とマッチしたものになっているでしょうか。

　201ページで触れたように、賃金も立派な投資です。その投資のリターンが最大化されるようなものになっているのか、よくよく検討し、**「世間の雰囲気」に流されないようにすることが大切**です。

配偶者手当廃止論について

　2015年に「大手自動車メーカーが現行の配偶者手当の見直しを検討」と報道された頃あたりから、家族手当の見直しや廃止に関する話題が新聞などでよく取り上げられるようになってきました。

　共働き家族における配偶者の就業時間調整の要因、賃金の実力主義への傾斜、同一労働同一賃金に絡んでパートタイマーと正社員待遇差の是正など様々なことが絡み、厚生労働省も企業に対して配偶者に関する手当の「見直し検討」を要請するに至っています。

　事実、配偶者手当を見直した大手企業の報道等を受けて、「うちの

会社も見直したほうがよいでしょうか？」と問合せを受けたこともあります。

　もちろん、見直すこと自体は構わないのですが、世間のムードだけで見直すのは避けていただきたいと思います。手当を見直す機運が高まっている流れをきっかけに、

「うちの会社は何のために配偶者手当を支払っているのか？」
「経営に役立つ手当になっているか？」

こうした基準で配偶者手当を含めた家族手当について再考してほしいのです。

　特に中小企業の場合、基本給の水準が低い企業がたくさんあります。また、健康面やいろいろな事情により配偶者が働けない家庭もあります。

　その場合、家族がいる従業員に対して一定の手当を支払うことは十分に意味があり、職場の安心・安全を高める1つの施策として成り立ちます。

　単身者の従業員と世帯を持つ従業員で、仕事と関係なく賃金差が生じることには意見が分かれるところでしょう。しかし、大家族主義的な会社に居心地の良さを感じる人も世の中にはまだまだたくさんいるというのが、多くの企業を見ている社労士としての実感です。また、そのような経営を望んでいる経営者もまだまだたくさんいます。

　どちらがいい悪いの問題ではなく、自社のカルチャーが大家族主義のような価値観を求めるのであれば、それを体現できる手当は維持すべきです。そうすることで、その価値観に共感する人が集まる組織になります。

　家族手当では、もう10年以上前になりますが、ある企業の印象深い思い出があります。

　広島県内のある企業の就業規則作成依頼を受けて、打合せを何回か重ねていたとき、経営者から、「就業規則作成を機に家族手当を設けたい」と相談されました。

「なぜ、家族手当が必要なんですか？」と質問すると、「採用時に家族手当があったほうが見栄えがいい」「従業員の家族も含めて大切にしたいと思っているので、それを体現する1つの手段として家族手当をつくりたい」とのことでした。

　それに対して、私は、「家族手当がないよりあったほうがいいけれど、家族手当があることにより採用が特別有利になるとは考えにくい。『経営者の従業員の家族も含めて大切にしたい』という思いが家族手当で体現できるとは考えにくい」と感じました。

　そこで、毎月の手当ではなく、**子育支援一時金**として、出産、入学、学校卒業などのライフステージごとにお祝い金としての一時金を1回につき10万円など、まとまった額で支払う制度を提案しました。

　こうすることで、従業員の家族のライフイベントごとに会社全体でお祝いする雰囲気を表現することができます。

　また、従業員が長く働いていることを前提とすれば、毎月1万円の手当を支払うより総額を低く抑えることができます。

　さらに、社会保険料などもセーブすることができ、全体のコストを低く抑えることができます。

　この企業では、今でもこの制度が自社のウリの1つになっています。

小さな手当を積み上げて年収1,000万円を超える

　従業員約50名のうち約20％の従業員が年収1,000万円を超えている内装業の企業があります。内装業で年収1,000万円超の従業員がこんなにいるのはなかなか珍しいと思います。

　この企業では、数多くの目標を設定し、それが達成するごとに小さな手当を支払います。その積み上げで従業員の賃金がたくさんになるようにしているのです。

　例えば、営業目標だけでも、売上額、利益額、利益率それぞれに毎月の目標値を決めて、達成すればそれぞれ手当が出ます。3つとも達成すれば三冠達成の手当も支給されます。

　売上だけでなく、残業時間を目標時間内に収められた場合、決められた最低休日日数を確保できた場合、事故がなかった場合などにも、達成時に手当が支払われます。

　このような制度にすると、「自分の賃金のためにだけ働くような個人主義的な企業にならないだろうか」「品質がないがしろにされ、利益・売上優先の企業体質にならないだろうか」と懸念する方もおられるかもしれません。

　同社の場合、そのあたりはよく工夫されています。

　まず、営業目標などは個人の数値では追わずに、会社全体の数値の達成を見るようにしています。そうすることで、部署を超えて皆が協力し合う体制をつくっています。

　残業時間や休日確保については、部門責任者に部下の目標達成を後押しする責務を負わせています。つまり、「一生懸命働いて手当をもらえるようにしよう」というカルチャーが、部門責任者と従業員の間で共有されているのです。

　忙しい現場で担当者が休日を取りにくい状況になっていたら、みんなで協力し合い、誰かが応援に入ります。「お互い様」の精神です。

また、品質に対しては品質管理を専門に行う担当者がいて、お客様に納品する前に、自主完了検査を社内で行い、ダメな場合は即やり直しさせることを徹底しています。そうすることで、高品質を維持しています。

　こうした取組みの甲斐あってか、同社は毎年成長し続けています。ここでのポイントは次の3つです。

①小さい目標をたくさん設定し、達成に手当を支払っている。
②目標を個人ごとにしないで会社全体とすることで皆で協力して達成するカルチャーにしている。
③売上至上主義としない仕組みとして、安全優先の徹底と残業時間数や事故ゼロなどにも目標を設定している。加えて、品質管理には絶対に手を抜けない仕組みをつくっている。

　②と③の前提があるからこそ、①のインセンティブによる手当が生きてくる──。この順番が大切になってきます。

　通勤に要する費用は、本来的には、労務提供者である従業員が負担すべきものであり、企業で負担すべきものではありません。

　しかし、実態は多くの企業がその費用を負担しています。また、世間の価値観から考えて、今後も企業が負担することにはなるのでしょうが、この原則は企業として理解しておくべきです。

　上記のとおりですから、通勤手当の額の上限、バスや自転車通勤について、**どこまで負担すべきかは企業が自由に決める**ことができます。近隣に住んでいる人を採用したいのであれば、上限額を1日300円や月間5,000円など、少なめに設定するのも一案です。

① 自転車通勤も対象にするか否かを定める

　通勤手当は、公共交通機関を利用する場合の運賃に相当する額を手当として支払うのが一般的ですが、従業員から「自転車通勤にも手当を支払ってほしい」という要望が寄せられることがあります。

　中には、「自分は健康のためにバスには乗らず、自転車を利用しているが、通勤手当は支払ってほしい」と言われることもあります。

　認めるか否かは企業の考えにもよりますが、もし認めないのであれば、**「通勤手当は、通勤のために常に公共交通機関を利用する場合に支払う」**旨をルールとしておくべきです。

② 上限額を定める

　通勤手当に上限額を定めず「実費を支払う」とすると、従業員が遠方に転居した際などに予想外の高額な手当となる可能性があります。

　金額の決まりはありませんが、上限は定めておくべきです。

　一般的には、税法上の非課税額の範囲内で会社で決めておきます。限度額に迷われる場合は、1か月25,000円から35,000円程度に設定しておき、「会社が特別に認めた場合は限度額を超えて支給する場合がある」としておくとよいでしょう。

　1か月の定期券代は、東京と大阪の例になりますが、東京から熊谷

で31,180円、東京から茅ヶ崎で28,440円、大阪から野洲で34,730円、大阪から西明石で25,600円ですので、**35,000円あれば相当の範囲をカバーできる**と考えます。また、新幹線や特急等を利用した場合の特急券代も認めるのか否かを明確にしておくことが重要です。

③ 通勤経路を指定するか否かを定める

　電車の接続の問題などから、従業員が最短ルートではない通勤経路を申請してくるケースがあります。

　この場合、2つの考え方があります。

　1つは、本人の申請が合理的なものであるならば、それを認め、その経路に要する通勤手当を支払う考え方、もう1つは、本人が通勤する経路に関係なく、経済的に合理的な通勤経路で計算した通勤手当を支払う考え方です。

　無用のトラブルを回避するためにも、**どちらの考え方を採用するのか明確に定めておく**ようにしましょう。

④ 長期間出社しない者の取扱いを定める

　私傷病休職などにより、**「長期間、出社しないことが予想される場合は通勤手当を支給しない」**旨を定めておきます。

　また、昨今はテレワークが中心となっている企業も増えています。その場合は、定額を支払うのではなく、**「出勤日のみ実費払いとする」**旨をルールとしておくとよいでしょう。

【通勤手当】

第〇条　会社は、通勤のために電車、バス等の有料交通機関を常時利用する社員に、居住地から勤務地までの経済的かつ合理的な区間の1か月定期券購入費の実費を毎月支給する。なお、新幹線、特急などの料金及び有料座席料金は支給対象としない。

2. 第1項にかかわらず、賃金計算期間の途中に入社、退職、休職又は復職した社員又は欠勤、テレワーク勤務等により実際の通勤が1つの賃金計算期間内において〇日以内の社員には、1日あたりの往復交通費に出勤日数を乗じて得た額を支給する。なお、賃金計算期間の途中で転居した場合も、この項の定めにしたがって計算する。

3. 第1項、第2項にかかわらず、居住地から勤務地までの直線距離が1.5km以内の社員には、通勤手当は支給しない。

4. 第1項、第2項にかかわらず、居住地又は勤務地から、それぞれの最寄り駅までの直線距離が1.5km以内の社員には、その区間の通勤手当は支給しない。

5. 通勤手当の上限額は、月額25,000円とする。

割増賃金の支払い方

① 時間外勤務手当

　法律上では、変形労働時間制などを採用していない限り、1日8時間を超えて労働させた場合、もしくは1週間40時間を超えて労働させた場合は、2割5分増しの割増賃金（いわゆる「残業代」）を支払う必要があります。

　さらに、時間外労働の時間が月60時間を超えた場合は、5割増しの割増賃金を支払う必要があります。この60時間超の5割増は現在、中小企業への適用は猶予されていますが、2023年4月1日からは中小企業にも適用されるので、早めに対応しておくことが必要です。

気をつけたいのは1日の所定労働時間が8時間未満の場合です。

例えば、1日7時間が所定労働時間の企業ですと、7時間超8時間までの時間は、法律でいうところの時間外労働とはなりません。つまり、割増賃金を支払う必要はありません。

では何も支払わなくてもよいかというと、雇用契約のあり方にもよりますが、一般的には割増をしない通常の1時間あたりの賃金を支払うことになります。

もちろん、割増した賃金を支払ってはいけないということではありませんので、企業の戦略として良い人材を集めるため、もしくは、賃金計算の簡略化を図る目的などのために支払っても問題ありません。

② 休日勤務手当

法律では、休日に勤務させた場合に、3割5分増しの割増賃金（いわゆる「休日勤務手当」）を支払う必要があります。

一般的に休日は法定休日と所定休日に分かれます。

法律でいう「休日勤務」とは法定休日に勤務させた場合のことを指します。所定休日に勤務させた場合は、そのことにより1週間の労働時間が40時間を超えた場合は時間外労働という考え方になり、2割5分増しした賃金でもかまいません。

また、40時間を超えない場合には割増をしない賃金を支払うことでも問題ありません。

法定休日と所定休日で割増賃金率を変えるのであれば、その旨、就業規則上に明確に定めておくようにします。

③ 深夜勤務手当

午後10時から翌午前5時までの間に勤務させた場合は、深夜勤務手当の支払いが必要です。

この深夜勤務手当は該当する時間に働かせたことに対して支払うものなので、通常時間外割増賃金の支払い対象にならない管理監督者が働いた場合であっても支払う必要があります。

深夜勤務手当は通常の1時間あたりの賃金の25％を支払います。ところが、**数社に1社くらい、深夜勤務手当の計算式が0.25でよいところを1.5としているケースがあるのでお気をつけください。**これだと、時間外労働かつ深夜労働となった場合、時間外労働で1.25倍支払い、かつ、深夜労働で1.5倍支払うので、時間あたりの賃金の2.75倍の賃金を支払うことになってしまいます。

ほぼすべてのケースで、「深夜勤務＝時間外勤務を伴う」ということで、2つを合わせた割増率を表記した単なる書き間違いだと思います。皆さんの就業規則もそのようになっていないかご確認ください。

④ 割増賃金の基本時間給額の考え方

時間外勤務手当が基本時間給（「基礎単価」、以下「基礎単価」という）の1.25倍というのは多くの方がご存知かと思いますが、基礎単価の計算方法については正確に理解している人は少ないようです。

基礎単価の計算方法は法律で決められており、それを下回る方法で計算することはできません。

労働基準監督署の調査が入ると、時間外勤務手当はちゃんと支払っているものの、**基礎単価の算出に誤りがあり、是正指導される例も多くあります。**

計算式は原則、以下のとおりとなります。じつにシンプルです。

基礎単価
＝毎月の賃金として支払われる額÷1か月平均所定労働時間

様々な手当を支払っている企業は多数ありますが、基本給だけでなく、それら手当も含めた月額賃金額を年間の所定労働時間数を12で割った1か月平均所定労働時間数で割って算出するのです。これが大原則です。

ただし、以下の手当などは月額賃金額から除外してよいとされています。

基礎単価を計算する際、「毎月の賃金として支払われる額」から除外できる手当等

❶家族手当	扶養家族の人数を基準に支給される手当
❷通勤手当	通勤の実費を補てん、あるいは通勤距離に応じた手当
❸別居手当 （単身赴任手当）	勤務の都合で同一世帯の扶養家族と別居する従業員への手当
❹子女教育手当	被扶養者である子女の学校教育費の補助としての手当
❺住宅手当	住宅に要する費用に応じて算定される手当
❻臨時の賃金	労働と直接関係ない個人的事情によりまれに生ずる賃金（傷病見舞金、結婚祝い金等）
❼1か月を超える期間ごとに支払われる賃金	賞与その他これに準ずるもので厚生労働省令で定める賃金

　除外できる手当等は、名称の問題ではなく、定まった定義にのっとっていることが重要です。

　例えば、①家族手当ならば、子ども1人につきいくらなどの決め方がなされていることが求められます。つまり、「家族の有無に関係なく一律1万円」といった形で支払われているものは除外できる手当とは認められません。

　同様に、⑤住宅手当も「家賃の30％」などの定め方ではなく、「一律2万円」と定められているものも、除外できる手当とは認められません。

【時間外・休日勤務・深夜手当】

第○条　管理監督者以外の社員が、1日8時間又は1週40時間を
超えて勤務することを命ぜられ、その勤務に服したときは、時
間外勤務手当を以下の計算により支給する。

$$時間外勤務手当 = \frac{基本給 + ○○手当 + ○○手当}{1か月平均所定労働時間}$$

$$\times 時間外勤務時間数 \times 1.25$$

2. 管理監督者以外の社員が、法定休日に勤務を命ぜられ、その勤
務に服したときは、休日勤務手当を以下の計算により支給する。

$$休日勤務手当 = \frac{基本給 + ○○手当 + ○○手当}{1か月平均所定労働時間}$$

$$\times 法定休日勤務時間数 \times 1.35$$

3. 管理監督者以外の社員が、深夜（午後10時から午前5時まで）勤
務を命ぜられ、その勤務に服したとき、若しくは管理監督者が
業務上やむを得ず深夜勤務に服したときは、深夜勤務手当を以
下の計算により支給する。

$$深夜勤務手当 = \frac{基本給 + ○○手当 + ○○手当}{1か月平均所定労働時間}$$

$$\times 深夜勤務時間数 \times 0.25$$

定額残業代制度と呼ばれるものがあります。人によっては「固定残業代制」など言い方は様々ですが、実際の残業時間にかかわらず、一定時間分の残業代をあらかじめ固定給に盛り込んで支払う方法です。

例えば、30時間分の残業代を「営業手当」などの名目で先払いしてしまうものをいいます。

定額残業代制度が悪者のように扱われる節がありますが、法律上の条件をクリアしているのであれば、これ自体は違法ではありません。

使い方によっては、一定額を支払ってしまうことにより、残業稼ぎのために残るような風潮をなくし、残業代をもらえて早く仕事を終えたほうが得というカルチャーの構築に一役買わせることもできます。

ただし、固定的な手当が残業代にあたるものとして認められるのか否かについては裁判でも多く争われており、その判決も企業側に相当厳しいものがたくさん出ています。

そこで、次の点については最低限クリアしておくことが重要です。

①通常の賃金部分と割増賃金見合い部分とが明確に分かれていること。
②就業規則に時間外の割増賃金見合いであることが明確に記載されていること。
③何時間分の時間外労働に相当するものなのか計算されていること。
④固定支払い分を超えて時間外労働があった場合は差分を支給することが明確になっていること。

①については、「営業手当5万円とする。この中には、時間外労働に対する割増賃金見合いも含まれる」のような定めだと、5万円のうちいくら分が割増賃金相当か明確ではないため、争いになれば時間外割増賃金の代わりとは認められないと考えておいたほうがよいでしょう。

②については、具体的に就業規則上に、「○○時間分の時間外労働

に相当する割増賃金の見合いとして」ということを明確に書くことをお勧めしています。もちろん、その時間は法律に基づき計算した〇〇時間分の時間外割増賃金の額以上になっている必要があります。

　③については時として、「営業手当として営業社員に一律に3万円支給する。営業手当は時間外労働の割増賃金の見合い」などと定めている規定を見受けます。

　営業社員全員が同じ賃金ならいざ知らず、通常基本給が異なっていたり、手当が違っていたりしていると思います。そうすると、3万円が何時間分の時間外割増賃金に相当するのかは人によって異なります。このような定め方は、理由を後付けして、そもそも違う意味合いで支払っていた手当を無理やり固定残業代にした印象を与えるので避けるべきです。

規定例

【営業手当】

第〇条　営業手当は、〇〇の業務に就く社員に、〇〇時間分の時間外勤務手当の代わりとして固定的に支給する。

2. 営業手当が支給されている社員の実際の時間外労働が1つの賃金計算期間において〇〇時間に満たなくても、当該手当を減額することはない。

【時間外・深夜・休日勤務手当】

第〇条　管理監督者以外の社員が、1日8時間又は1週40時間を超えて勤務することを命ぜられ、その勤務に服したときは、時間外勤務手当を以下の計算により支給する。

（中略）

4. 第〇条で定めた営業手当が支給されている社員については、第1項の定めにより計算した額が、営業手当として支給されている額を超える場合に限り、その差分を支給する。

定額残業代制度を新入社員の教育に使う

　あるとき、社会保険労務士仲間の日比野大輔さんが、就業規則の作成依頼を受けた際、経営者に次のようなことを質問していると聞き、以来、私も就業規則作成時に、このようなことを質問しています。

質問　新入社員のＡさんは経験不足から仕事が遅い。通常の従業員なら所定労働時間内で終わる仕事が終わらない。毎日１時間くらい残業になる。この場合、社長ならどうしますか？

　選択肢①　残業代を支払って残業させる。

　選択肢②　残業をさせず、仕事が途中でも帰す。

　選択肢③　残業代を支払わず、残業させる。

　大抵、①か②を選びます。③は法律違反と知っているので、本心はそうでも社会保険労務士を相手になかなか答えられないのでしょう。

　答えは①でも②でも、どちらでもいいのです。どちらが正解というのはありません。

　このときに、続けて、「もし、このＡさんが自分の子どもだったらどうしますか？」と質問してみます。

　すると、10人のうち４人くらいの経営者が答えを変え、「③残業代を支払わず、残業させる」と言うのです。

　「どうしてですか？」と答えを変えた経営者にお聞きすると、「自分の能力不足で時間がかかっているのに、そこに残業代を発生させたら、先輩たちから不満が出るだろう。そうなるとチームワークのよい組織がつくれないではないか」「仕事は経験量に比例するから、早くたくさん経験を積ませたほうが成長する。早く一人前になって高い給料をもらったほうが本人のためだ」などの答えが返ってきます。

　法的な問題は一旦、横においておき、注目すべきは、新入社員のＡさんが赤の他人の場合と、自分の子どもだった場合で答えが変わってくるということです。

Ａさんが自分の子どもとなった途端に、法律という枠が取っ払われ、どうしたらわが子が幸せになるのか、最適な方法は何かと考え始めるようになります（もちろん、自分の子どもであっても法律は適用されるので、法律違反ですが……）。

　つまり、経営者はＡさんにとっての幸せの近道は何か、良心で考えたらどうすべきかを知っているということです。

　たいていの仕事は経験量と仕事の質が比例します。

　社会保険労務士の仕事もまさしくそうで、就業規則を作成するという仕事を例にとると、最初は適用法律を確認するところから始まり、その企業の置かれている環境や働き方を調査するなど、調べることが山ほどあります。また、誤解を生じさせないようにする独特の文章作成にも細心の注意を払うことになります。

　そうすると、作業にはとてつもない時間がかかるのです。たとえ、先輩が横についていたとしても、やはり時間がかかります。

　しかし、数をこなすうちに、関連法律のことは自然と頭に入っているようになります。また、物事を調べるコツや文章作成のコツもつかめるようになり、仕事がさくさく進むようになっていきます。5分の1くらいの時間で作成できるようになる感じです。

　人によって能力差はあるものの、一定数の就業規則を作成することで一人前になっていきます。仮にそれが15本であるとしたら、1月に3本作成する人は5か月で一人前になり、月に1本しか作成できない人は15か月かかるわけです。一人前になれば昇給もできますが、見習いレベルでの昇給が難しいのは当然です。

　どんな業界にも、このようなことがあるのではないでしょうか。

　「従業員のことを考え、早期に一人前にさせるために、早い時期になるべく多くの仕事をさせたい。でも、それに伴い、残業代という余計なコストはかけられない。かといって、サービス残業をさせることは、このご時世では許されない──」

こんな時、定額残業代制度を導入してはどうでしょうか。

早く一人前にさせるために、あらかじめ一定時間分の残業代を固定給として予算化しておくのです。

例えば、試用期間中のみ、30時間分の定額残業代を含んだ固定給にしておきます。そうすることで、この範囲内で経営者は仕事をやらせ切ることができます。実労働時間に比例して残業代が出るわけではないので、先輩従業員から「仕事ができないくせに給料が自分たちより高い」といった不満も出ません。

本人には、業務をいち早く覚えて、30時間かからずに仕事ができるようになることを目指してもらいます。

そして、試用期間が終了し、晴れて一人前になったら、定額残業代制度を廃止し、実労働時間に応じて残業代を支払うようにします。

定額残業代制度と聞くと「人を安く使おうとする制度」と思われ、あまり良いイメージを持たれないものですが、ここで紹介した定額残業制度は、従業員を安く使うための思想から発したものではなく、あくまでも新入社員を早く一人前にするという考えから出てきたものなのです。

例	試用期間中	試用期間終了後
基本給　18万円	基本給　22万円
定額残業代(30時間分)4万円	
合計　22万円	合計　22万円

残業代は
実労働時間に
応じて支給

算定期間を定める

　賞与は**いつからいつまでの業績等を反映させて支給するのか**をはっきりさせておきます。

　例えば、「12月1日から5月31日までの期間のすべてに在籍した従業員にその期間の勤務成績等を勘案して7月に支給する」といった具合です。

　こうすることによって、誰が対象であるのか、また、どの期間の業績等を反映させるのかを明確にします。

支給日在籍要件を定める

　一般的に賞与は支給日に在籍している従業員を支給対象とすることが多いと思われます。というのも、賞与は過去の業績だけでなく、将来への会社業績への貢献期待の意味合いも含まれている場合が多いからです。

　そのような場合は、**「支給日に在籍している従業員に支給すること」**を明確に賃金規程に定めておきます。

　さらに将来への貢献期待の意味合いを含ませるのであれば、すでに退職が決まっている従業員に対しては、将来の貢献期待分を減額することを明確にして減額することも可能ではあります。

　しかし、退職の意思があるのに、賞与支給日まで会社に申し出ない人が出たり、退職日をめぐって従業員と企業とで駆け引きが行われるようになります。それが企業のカルチャーになりかねません。企業経営全体から見たときマイナスに作用することが多いので、減額する規定をつくることは私はあまりお勧めしません。

規定例

【賞　　与】

第○条　会社は、毎期6月及び12月に、会社の業績、本人の勤
務成績、勤務態度、人事評価の結果、将来への会社の貢献期待
度、会社業績の将来への見通し等を総合的に勘案して、賞与額
を決定し、支給する。ただし、会社は、業績不振のときは、支
給時期の変更又は不支給とすることができる。

2. 第1項の他に会社業績が良好なときは、別途期末に臨時賞与を
支給することがある。

3. 会社は、賞与の支給額及び支給日をその都度定めるものとする。

4. 賞与の支給の対象者は、第○条の支給対象期間の全期間に在籍
し、賞与の支給日にも在籍している社員とする。

【支給対象期間】

第○条　賞与の支給対象期間は次のとおりとする。

夏季支給対象期間　　○月○日より　○月○日まで

冬季支給対象期間　　○月○日より　○月○日まで

テレワーク手当

在宅勤務に手当を出すか否か

　2020年は企業規模を問わず、在宅勤務が一気に拡大した年でしたが、
在宅勤務時の光熱費や通信費の補てんとして「テレワーク手当」を支
給するケースも多く見受けられました。

　光熱費等を企業が負担するべきか否かは、企業ごとに考えがあると
思いますが、従業員側の心情からしてみると、こうした手当がモチベ
ーションを上げることにはならなそうですが、不満を抑える効果はあ
りそうです。インターネット上では、手当の支給がない企業の従業員
などが、光熱費や通信費が増えたことに対する不満の声をつぶやくケ
ースも散見されます。

企業側の視点に立つと、在宅勤務となることにより、通勤がなくなります。通勤手当を支給しなくなり、その分を原資としてテレワーク手当を支払うことを検討するのが一般的かと考えます。つまり、通勤手当だった予算をテレワーク手当に付け替えるイメージです。

　一般的にテレワーク手当は月額3,000円から5,000円程度としている企業が多いようですが、仮にその範囲内で収めた場合、通勤手当より割安になる可能性が高いと考えます。

　ただし、気をつけていただきたいのは、通勤手当は時間外労働等の割増賃金を計算する際の、基礎単価算出時に除外できましたが、在宅勤務手当は除外できません。したがって、残業時等の割増賃金の単価は上がることになります。

　また、通勤手当は基本的に非課税でしたが、テレワーク手当は課税対象になります。

　在宅勤務のあり方については、スタートさせたばかりの企業が多く、議論がまだ進んでいないため、先が見えないところがあります。

　テレワーク手当自体、ひとまずは暫定手当とし、期間を定めたルールにしておくのが賢明かもしれません。

　その場合、就業規則に「テレワーク手当は○年○月○日までの暫定手当とし、その後は支給の有無も含めて再度検討するものとする」などと定めておきます。

在宅勤務に要した電気料金を精算する場合は課税・非課税？

　在宅勤務に要した費用を算出する際に問題となるのは、電気料金や通信費のように業務に要した部分とプライベートに要した部分を明確に分けることができない点です。

　これらの費用について、**実際の額に関係なく定額で支払うと課税の対象**となりますが、**実費精算とした場合は以下の式にのっとって計算した額が非課税**の扱いとなります。

- **通信費**

  通話料…実際に業務に使用した通話分

  基本料金やインターネット接続料…

  　　（従業員が負担した1か月の基本使用料や接続料等）×（1か月
  　　の在宅勤務日数）／（月の日数）×1/2

- **電気料金**

  （電気料金）×（業務に使用した部屋の床面積）／（自宅の床面積）
  ×（1か月の在宅勤務日数）／（月の日数）×1/2

  ※企業独自による精緻な方法で業務のために使用した基本使用料や
  　通信料の金額を算出し、その金額を企業が従業員に支給している場
  　合についても非課税

　テレワークに際して、定額の手当を支払わず、経費を実費精算する
場合は、上記の計算式に当てはめて金額を算出し、課税と非課税を判
断します。

規定例

【テレワーク手当】

第○条　会社は、テレワーク環境整備費用や通信費、光熱費等の
　補助を目的として、テレワーク手当を支給する。

2. テレワーク手当の支給対象者は、第○条のテレワーク勤務対象
　者であり、かつ会社が定める基準以上のインターネット環境が
　自宅に整っている社員とする。

3. 第2項の規定にかかわらず、実際にテレワークした日数が1つ
　の賃金計算期間における所定労働日数の3分の1に満たない場
　合は、その賃金計算期間においてはテレワーク手当は支給しな
　い。

在宅勤務中心時代の通勤手当はどうなるか

　在宅勤務が中心となる場合、通勤手当はどう考えればいいのでしょうか。

　そもそも就業規則で出勤日数に応じて実費を支給するルールになっているのであれば特段問題はないと思います。しかし、出勤日数に関係なく定額払いをしている場合はどうなるのでしょうか。

　一般的に通勤手当は所得税が非課税となりますが、実際に出勤がない場合でも非課税のままでよいのかが焦点になります。つまり、「月に5〜6日しか出社しなかった場合でも、1か月分の定期券代相当をそのまま非課税としてしまってよいのか」という問題です。

　これについては詳しくは税理士に確認することをお勧めしますが、一般的には非課税でよいと考えます。なぜなら、法律では「通勤のための運賃・時間・距離等の事情に照らして、最も経済的かつ合理的な経路及び方法で通勤した場合の通勤定期券などの金額は非課税」としており、実際に通勤したかどうかは問わないからです。

　つまり、出社が予定されているが結果的に1日も出社しなかった場合や数日しか出社しなかった場合は、非課税で問題がないと考えます。

　しかし、完全在宅勤務となった場合は、勤務地が自宅になったと考えられます。この場合、通勤手当が実質的に通勤のための費用とは考えられないので、非課税とはならず、課税の対象と考えます。

巻 末 付 録
規 程 例

就 業 規 則

株式会社ABC

目　　　次

就業規則前文

　この規則は、株式会社ABC（以下「会社」という）に集う従業員と経営者が強固な信頼関係を構築し、社業を発展させるとともに、両者の幸福の実現のために作成したものである。

　会社は、この前文の目的を達成するために、当規則によって会社が従業員に求める働き方を示すとともに、会社と従業員との間の労働契約の内容を明らかにするものとする。

　従業員は、会社のコア・パーパス、ミッション、ビジョンをよく理解し、この規則を読むことで、会社が従業員に求める働き方、労働契約の内容を確認し、会社の発展とここに集う人々の幸福に寄与するものとする。

会社のコア・パーパス
・・・・・・・・・・・・・・・・・・

会社のミッション、ビジョン
会社のミッションは、・・・・・・・・・・・・・・・・・

会社のビジョンは、・・・・・・・・・・・・・・・・
である。

第1章　総則

（目　　的）
第1条　この規則は、従業員の労働条件及び服務規律等、就業に関する重要事項を定めたものであり、その目的は、株式会社ABC（以下会社という）の従業員と経営者が信頼関係を構築し、社業を発展させるとともに、その両者の幸福の実現を目指すところにある。

（従業員の定義）
第2条　この規則で従業員とは、本規則第6条に定める手続きを経て採用した次の者をいう。
① 正社員……第2号及び第3号以外の者で、労働時間、職務内容及び勤務地のいずれにも制約がない「正社員」の名称で雇用された者
② 契約社員……雇用契約期間の定めのある「契約社員」の名称で雇用された者
③ パートタイマー……「パートタイマー」又は「アルバイト」の名称で雇用された者で賃金が時給で計算される者

（適用範囲）
第3条　この規則は、第2条で定める正社員（試用期間中の者を含む。以下「社員」という）に適用する。第2条第2号及び第3号の就業に関し、必要な事項については別途定めた規則によるものとする。

（遵守義務）
第4条　社員は、この規則を遵守し、各々の職務を遂行するものとする。

（労働条件の変更）
第5条　会社は、法律の制定、改廃又は経営上の必要性等がある場合は、この規則の内容を変更することができる。

第2章　人事

第1節　採用

（採　　用）
第6条　入社を希望する者は、所定の選考を受ける際に次の書類を提出する必要がある。ただし、会社が特に認めた場合は、その一部を省略することができる。

【選考中】
① 写真が添付された履歴書及び職務経歴書

② 最終学校の卒業証明書及び成績証明書

③ 在留カードの写し（在留資格を有する外国人に限る）

④ 健康診断書（在籍校で証明を受けたもの又は自己の選択する医療機関で証明
　されたもの）

⑤ 健康に関する自己申告書

⑥ その他会社が必要と認める書類

【内定承諾後】

① 入社誓約書

② 身元保証書（独立の生計を営む保証人1名の署名）

③ その他会社が必要と認める書類

2．第1項の結果、社員として入社を決定した者は、次の書類を入社日までに提
　　出し、所定の手続きを行う必要がある。ただし会社が認めた場合は、その一部
　　を省略することができる。

① 最終学校の卒業証明書

② 最近3か月以内の健康診断書

③ 秘密保持等に関する誓約書

④ 業務に関連する保有資格認定書の写し

⑤ 住民票記載事項証明書の写し

⑥ 年金手帳

⑦ 雇用保険被保険者証

⑧ 個人番号（マイナンバー）カードの写し又はマイナンバーの記載がある住民
　票記載事項証明書

⑨ 源泉徴収票（入社の年に給与所得のあった者に限る）

⑩ 給与所得の扶養控除等（異動）申告書

⑪ 通勤経路等申告書

⑫ 賃金の口座振込に関する同意書

⑬ その他会社が必要と認める書類

3．第1項及び第2項の提出書類中の記載事項その他身上に変更が生じた場合は、
　　速やかに届け出る必要がある。

4．第1項及び第2項の書類が未提出の場合、又は提出書類中の記載事項、その
　　他身上に虚偽の申告若しくは面接時に不実の陳述をした場合は、会社は採用を
　　取り消すことができる。

（身元保証）

第7条　身元保証人は、独立の生計を営んでいる成年者であって、本人の配偶者、
　　　　父母、兄弟姉妹又はこれに代わる近親者の中から会社が適当と認める者1名と
　　　　する。ただし、これに該当する者がいないときは、会社が身元保証人としてふ
　　　　さわしいと認めた者を身元保証人とすることができる。

２．身元保証の期間は５年間とし、会社が特に必要があると認めた場合、更新を求めることができる。

３．社員が会社の規則又は指示を遵守しなかったことにより会社に損害を与えたときは、会社は身元保証人に対し、その損害の賠償を求めることがある。

（試用期間）
第８条　新たに採用された者は、採用の日から６か月間を試用期間とする。ただし、会社が特に必要ないと認めた者については、この期間を短縮し、又は設けないことがある。

２．会社は、社員としての適格性を判断するために必要と認める場合、３か月を限度として試用期間を延長することができる。

３．会社は、試用期間中に社員として不適格と判断した場合は、試用期間の途中、若しくは満了日をもって解雇することができる。

４．試用期間は勤続年数に通算する。

（労働条件の明示）
第９条　会社は社員の採用に際しては、採用時の賃金、労働時間、その他の労働条件が明らかになる書面及び本規則を交付して労働条件を明示する。

第２節　異動

（異　　動）
第10条　会社は、社員に対し業務の都合により異動（職場及び職種の変更、転勤、出向等）を命ずることがある。

２．異動を命ぜられた社員は、会社の指定する後任者に指定期日までに業務の引き継ぎを完了し、所属長にその旨を報告するものとする。

第３節　休職

（休職）
第11条　会社は、社員が次の各号の一に該当するときは、休職を命ずることができる。

　①　業務外の傷病等により、出社できない日が連続、断続問わず15労働日に及んだとき。

　②　出勤はしているものの、精神又は身体上の疾患により労務提供が不完全であるとき。

　③　社命により会社外の職務に従事するとき。

　④　その他前各号に準ずる特別の事由を有し、会社が認めたとき。

２．第１項第１号の場合、欠勤の初日が不明瞭な場合は会社が指定した日とする。

３．本人が第１項第１号又は第２号に該当する休職（以下、「私傷病休職」という）
　を希望する場合は、「休職願」に医師の診断書を添付する必要がある。この場
　合に生ずる費用は当該社員の負担とする。

４．会社は第３項にかかわらず、会社が指定する医師の診断書の提出を求める場
　合がある。

５．私傷病休職は、試用期間が満了した正社員に適用される。

６．会社は、社員に休職を命ずる際は、休職理由、休職期間、休職期間中の社会
　保険料等の額及び支払方法等について記載した「休職命令書」を交付する。

（休職期間）

第12条　第11条に定める休職の期間は、第２項から第４項のとおりである。

２．私傷病休職による休職期間は、次のとおりとする。

　　①　休職開始日において勤続３年未満の者　　　３か月
　　②　休職開始日において勤続３年以上５年未満の者　　　６か月
　　③　休職開始日において勤続５年以上の者　　　１年

３．第11条第１項第３号の事由による休職期間は、会社が命じた期間とする。

４．第11条第１項第４号の事由による休職期間は、その都度会社が定める。

５．会社が必要と認めた場合は、休職期間を延長することがある。

６．私傷病休職が複数回に及ぶ場合であっても、１人の社員が休職できる最長期
　間は２年とする。ただし、復職後、休職又は再休職せず、２年を経過した場合
　はこの限りではない。

（再休職）

第13条　復職後、３か月以内に同一事由又は類似の事由により再び欠勤した場合
　は、直ちに休職を命ずることとし、この場合の休職期間は、第12条の休職期間
　から、すでに休職した日数を差し引いた期間とする。

（トライアル出社）

第14条　会社は、私傷病休職の場合において、復職前に会社が定めた復職プログ
　ラムに基づいたトライアル出社を行わせることがある。これは、業務ではなく、
　復職へのプロセスの１つとして行うものである。

（休職者の給与）

第15条　休職者の給与は、次のとおりとする。

　　①　第11条第１項第１号から第３号による休職のときは給与を支給しない。
　　②　第11条第１項第４号による休職のときは、その都度これを定める。

（復　　職）

第16条　社員は、休職期間満了日までに休職事由が消滅したときは、速やかにそ

の旨を会社に通知し、復職願を提出する必要がある。ただし、第11条第1項第3号の場合はこの限りではない。また、休職事由が私傷病による場合には、医師の診断書も提出する必要がある。この場合に生ずる費用は当該社員の負担とする。

2．会社は、復職が可能と判断した場合は、復職を命じるものとする。その際、もとの職務に復帰させることを原則とするが、それが困難であるか、又は不適当である場合には、他の職務に就かせることができる。この場合、降給、降職、賃金を変更することがある。

3．会社は第1項にかかわらず、会社が指定する医師の診断書の提出を求める場合がある。その場合、当該社員はその指示に従う必要がある。

4．私傷病における休職事由の消滅とは、休職前に従事していた業務を健康時と同等程度に遂行できる状態が継続することを指す。

（休職期間満了時の取扱い）
第17条　休職期間が満了した場合の取扱いは、次のとおりとする。

2．第11条第1項第1号及び2号による休職の場合は、休職期間満了日に復職できない場合は、休職期間が満了した日をもって退職とする。

3．第11条第1項第3号による休職の場合は、復職を命ずる。

4．第11条第1項第4号による休職の場合は、その都度これを定める。

（休職者の勤続年数）
第18条　休職期間は、勤続年数に通算しない。ただし第11条第1項第3号の事由による場合で会社が認めた場合は、通算する。

第4節　退職及び解雇

（退　　職）
第19条　社員が次の各号の一に該当したときは退職とする。

① 死亡したとき……死亡した日

② 退職を願い出て承認されたとき……会社が承認した退職日

③ 休職期間が満了しても休職事由が消滅しないとき……休職期間満了日

④ 会社に届出のない欠勤が所定の休日も含め連続30日に及んだとき……30日を経過した日

⑤ 社員の行方が不明となり、30日以上連絡が取れないときで、解雇手続きを取れないとき……30日を経過した日

⑥ 定年に達したとき……第20条で定めた日

⑦ 期間を定めて雇用された者の雇用期間が満了したとき……雇用期間満了日

⑧ 専任取締役に就任したとき……就任日の前日

⑨ その他退職につき労使双方が合意したとき……合意により決定した日

（定年退職及び再雇用）

第20条　社員の定年退職日は、満65歳に達した日の属する月の末日とする。

２．会社は、第１項により定年退職した社員に対して、満70歳に達した日の属する月の末日を限度に再雇用することがある。この場合の条件は個別に定める。

（自己都合退職）

第21条　社員が退職を希望する場合は、30日前までに退職願を提出するものとする。

２．社員は、退職願を提出した後であっても、会社が承認した退職日までは誠実に業務にあたる義務がある。

３．第１項にかかわらず、３か月以上前に退職願を提出し、会社の承認を得た場合は、賃金規程に定める特別退職金を支給する。

（解　　　雇）

第22条　会社は、社員が次の各号の一に該当するときは、解雇することができる。

２．精神又は身体上の故障により業務に耐えられないと会社が判断したとき。

３．能力不足又は勤務態度不良で就業に適さないと会社が判断したとき、若しくは他の社員の業務遂行に悪影響を及ぼすとき。

４．事業所閉鎖・廃止、業務縮小、業績不振など、雇用を継続しがたい事由があるとき。

５．試用期間中、又は試用期間満了時に社員として不適当と会社が判断したとき。

６．第67条第３項による打切補償を行ったとき。

７．懲戒解雇に該当する事由があるが情状酌量の余地があり、普通解雇が相当と会社が判断したとき。

８．その他前各号に準ずる雇用が継続できないやむを得ない事由があったとき。

（予告手当）

第23条　会社が社員を解雇する場合は、30日以上前に予告するか、又は予告手当として平均賃金の30日分を支給する。ただし、会社が、所轄労働基準監督署長の解雇予告除外の認定を受けて解雇するとき及び次の各号のいずれかに該当するときは、予告手当を支給せず即日解雇できる。

　①　日々雇い入れられる者（１か月を超えて引き続き雇用された者を除く）

　②　２か月以内の期間を定めて雇い入れられる者（所定期間を超えて引き続き雇用された者を除く）

　③　試用期間中の者（14日を超えて引き続き雇用された者を除く）

２．第１項の予告期間は、平均賃金を支払った日数分だけ短縮することができる。

（雇用契約終了時の義務）

第24条　会社の雇用契約が終了する社員は、身分証明書、健康保険証、その他会社から貸与されたものを遅滞なく返還する必要がある。

２．雇用契約が終了する社員は、会社が指定する日までに必要な業務を後任者に引き継ぐ義務を負う。

３．第２項の引き継ぎは、所属長が指示した方法により、所属長が指名した者に引き継ぐものとする。なお、引き継ぎは、所属長から指名された者若しくは所属長から引き継ぎ完了の承認を得ることで完了とする。

４．雇用契約が終了する社員は、退職後における秘密保持等の誓約書を会社に提出するものとする。

第3章　勤務

第1節　服務規律

（服務の原則）

第25条　社員は、業務の正常な運営を図るため、この規則及びその他の諸規程並びに業務上の指揮命令を守り、業務に専念し、職場の秩序維持及び信用維持に努める必要がある。また、適切な施設管理・情報管理・安全衛生を保持しなければならない。

（職務専念義務に関する遵守事項）

第26条　社員は、職務専念に関する次の各号を守る義務がある。

①　遅刻、早退、欠勤をしないこと。ただし、会社の許可を得た場合はこの限りではない。

②　勤務時間中に会社の許可を得ることなく職場を離れたり、私用外出、又は私的面会をしないこと。

③　業務上の報告を怠り、又は虚偽の報告をしないこと。

④　勤務時間中は、私的な目的での通話、ＳＮＳ、電子メール等の送受信及びインターネット利用等をしないこと。

⑤　会社の発展のために積極的貢献の意欲を持ち職務を遂行すること。

⑥　他社の業務（請負、委任、アルバイト等契約形態を問わない）に従事又は自己の事業を行うなどの副業・兼業を行う場合は、会社の許可を得ること。

⑦　前各号のほか、社員は、職務専念義務に関する会社の規則・指示・命令に従うこと。

（秩序維持に関する遵守事項）

第27条　社員は、秩序維持に関する次の各号を遵守しなければならない。

①　服装を整え、定められた備品を携行すること。

② 故意に他の社員の業務を妨げないこと。
③ 会社施設内で、会社の許可なく集会、演説、文書の配布、回覧、貼付、掲示を行わないこと。
④ 会社施設内において、物品の販売又はネズミ講・マルチ商法・ネットワークビジネス並びに業務と関連のない勧誘・署名・宗教活動・政治活動等を行わないこと。また、会社施設外においても職場での地位、関係性を利用してこれらの行為を行わないこと。
⑤ 自己の職務上の権限を逸脱又は濫用をしないこと。
⑥ お互いの人格を尊重し、第33条のハラスメント行為を行わないこと。
⑦ 酒気を帯びて勤務しないこと。
⑧ 窃盗・暴行・脅迫・傷害・横領・賭博その他これに類する行為並びに刑法に抵触する行為を行わないこと。
⑨ 従業員間又は取引先との間で、日常的な消費の範囲を超える金銭の貸借を行わないこと。
⑩ 他の従業員に会社への虚偽の報告をさせたり、口止めを強要したりしないこと。
⑪ 会社に申告した通勤経路・手段等と相違する通勤経路・手段等を用いることにより、通勤手当を不当に得ないこと。
⑫ 会社の許可なく、自動車、自動二輪車、原動機付自転車及び自転車（以下、これらを「車両」という）を通勤や業務に使用しないこと。
⑬ 会社の許可なく、業務上必要としない私物を施設内に持ち込まないこと。
⑭ その他前各号に準ずる会社の秩序を乱す行為をしないこと。
⑮ 前各号のほか、社員は、秩序維持に関する会社の規則・指示・命令に従うこと。

（信用維持に関する遵守事項）
第28条　社員は、信用維持に関する次の各号を遵守しなければならない。
① 社員としての品位を保ち、会社・役員又は他の従業員の名誉及び信用を傷つける行為をしないこと。
② 職務に関連して自己の利益を図り、又は他より不当に金品を借用若しくは贈与を受けるなどの不正な利益供与を受けないこと。
③ 公私にかかわらず交通法規を遵守し、特に飲酒運転・酒気帯び運転及びあおり運転をしないこと。
④ 過労、病気及び薬物の影響その他の理由により正常な運転ができないおそれがある状態で車両の運転をしないこと。
⑤ 自らの退職に際して、他の従業員に対して引き抜き行為を行わないこと。また、知人、家族、親類などの利益のために引き抜き行為を行わないこと。
⑥ 前各号のほか、信用維持に関する法令、会社の規則・指示・命令に従うこと。

（施設管理に関する遵守事項）

第29条　社員は、施設管理に関する次の各号を遵守しなければならない。

① 会社の施設又は設備、車両、機械、器具その他の備品（以下、「設備等」という）を大切にし、製品及び書類は丁寧に取り扱い、その保管を厳重にすること。

② 施設又は設備等に故障、破損又は紛失等があったときは、会社に報告すること。

③ 会社の許可なく、会社の設備等を施設外に持ち出さないこと。

④ 前各号のほか、施設管理に関する法令、会社の規則・指示・命令に従うこと。

（情報管理に関する遵守事項）

第30条　社員は、情報管理に関する次の各号を遵守しなければならない。

① 職務上知り得た会社の秘密事項及び他社の秘密事項については、在職中はもちろん退職後といえどもみだりに開示したり、業務外の目的に使用しないこと。

② 第1号に定める秘密事項を、会社の許可なく収集・複製・撮影・持ち出ししないこと。

③ 業務中又は会社の施設内並びに取引先等業務関係場所において、みだりに人物（本人・他の従業員・顧客等）又は商品、社内文書、施設・設備等を撮影しないこと。

④ 会社の許可なく、職務上知り得た一切の情報（撮影した写真等を含む）について、ソーシャルメディア・マスメディア等を通じて公開しないこと。

⑤ 会社が発行するパスワード、その他認証のための暗号等の管理に十分注意し、会社の許可なく第三者に教えないこと。また、会社の許可なくパスワードを変更しないこと。

⑥ 業務に使用するパソコンにおいて、会社が許可していないソフトウェアをインストールしないこと。

⑦ 電子メール、SNS等を通じて会社情報、不利益となる事項、他の者を不当に非難・中傷する情報を流さないこと。

⑧ 会社の許可なく、私的な電子メール・ＳＮＳアカウント等を業務に用いないこと。

⑨ 前各号のほか、情報管理に関する法令、会社の規則・指示・命令に従うこと。

（安全衛生に関する遵守事項）

第31条　社員は、安全衛生に関する次の各号を遵守しなければならない。

① 常に職場の整理整頓に努めること。

② 安全衛生上危険性のある機械・器具等を取り扱うときは、十分に注意し、

取扱担当者が限定されているものについては会社の許可なく使用しないこと。

③　会社施設内においては、許可された場所で喫煙すること。

④　消火設備、その他の危険防止のために設けられた設備を会社の許可なく撤去・変更等その効力を失わせるような行為を行わないこと。

⑤　業務に影響のある自らの健康異常については報告すること。

⑥　前各号のほか、安全衛生に関する法令、会社の規則・指示・命令に従うこと。

（管理監督責任に関する事項）

第32条　部下を持つ社員は、管理監督責任に関する次の各号を遵守しなければならない。

①　部下の管理監督、業務上の指導又は必要な指示・注意を怠らないこと。

②　部下の非違行為に加担しないこと、また、部下の非違行為を知った場合、必要な注意・指導を行うこと。

（ハラスメントの禁止）

第33条　社員は、他の従業員（役員含む）の権利及び尊厳を尊重し、次の各号に掲げるハラスメント行為を行ってはならない。

①　セクシュアルハラスメント

セクシュアルハラスメントとは、職場における性的な言動に対する他の従業員の対応により、当該従業員の労働条件につき不利益を与えるもの、又は性的な言動により従業員の就業環境を害するものをいう。この場合において、職場におけるセクシュアルハラスメントには、相手の性的指向又は性自認の状況にかかわらないほか、異性に対する言動だけでなく、同性に対するものも含まれる。また、本号における「他の従業員」とは直接的に性的な言動の相手方となった被害者に限らず、性的な言動により就業環境を害されたすべての従業員を含むものとする。

②　パワーハラスメント

パワーハラスメントとは、職務上の地位や人間関係など、職場内の優位性を背景に、業務の適正な範囲を超えて、精神的・身体的苦痛を与える、又は職場環境を悪化させる行為をいう。なお、業務上又は職場秩序維持の観点からの必要に基づく言動によるものについては、本号のハラスメントには該当しない。

③　妊娠・出産・育児等に関するハラスメント

妊娠・出産・育児等に関するハラスメントとは、職場において、上司や同僚が、従業員の妊娠・出産・育児などに関する各種制度・措置の利用に関する言動により従業員の就業環境を害すること並びに妊娠・出産などに関する言動により従業員の就業環境を害することをいう。なお、業務分担や安全配慮

などの観点から、客観的に見て、業務上の必要性に基づく言動によるものについては、本号のハラスメントには該当しない。

2．ハラスメントに対する相談（苦情を含む）を受け付ける窓口を総務部内に設置する。なお、相談窓口の担当は相談又は苦情を申し出た者のプライバシーに十分配慮するものとする。

3．ハラスメント行為を行った社員は、懲戒の対象となる場合がある。

（職務発明）

第34条　職務発明とは、その性質上、会社の業務範囲に属し、かつ、その発明をするに至った行為がその会社における社員の現在又は過去の職務に属する発明をいう。

2．会社は、職務発明を行った社員に対して、相当の対価を支払うことによって、当該職務発明について特許を受ける権利を取得することができる。

3．会社は第2項の相当の対価について、その根拠を示して社員に説明し、社員の意見も聴取の上、その額を決定する。

（出退勤）

第35条　社員は、出勤及び退勤に際して、次の事項を遵守する必要がある。

①　始業時刻より業務を開始できるように出勤し、終業後は特別な用務がない限り速やかに退勤すること。

②　出退勤の際は、本人自ら会社が定める方法によりその事実を記録し、出退勤の事実を明示すること。

③　退勤の際は、機械、器具、備品、書類等を整理格納すること。

（遅刻・早退・欠勤等）

第36条　社員が、遅刻、早退又は欠勤しようとするときは、事前に会社に届け出て許可を受ける必要がある。ただし、やむを得ない理由で事前に届け出ることができなかった場合は、事後速やかに届け出て承認を得る必要がある。

2．傷病による欠勤が度重なるときは、会社は、医師の診断書の提出を求めることができ、当該社員は、これに応じなければならない。この場合、診断書等の費用は社員が負担することとする。

（出社禁止及び退社命令）

第37条　会社は、次の各号の一に該当する社員に対して、出社を禁止し、又は退社を命じることができる。

①　風紀秩序を乱し、又は衛生上有害と認められる者

②　火気・凶器・毒物・薬物その他業務に必要のない危険物を携帯する者

③　業務を妨害し、又は会社の秩序を乱し、若しくはそのおそれのある者

④　酒気を帯びている者又は薬物を服用し言動に異常がある者

⑤　法令又は第71条の規定に基づいて就業若しくは出勤を禁止された者

⑥　健康診断の受診を命じられながら受診していない者

⑦　その他会社が就業に適さないと認めた者

（所持品検査及びモニタリング）

第38条　会社は、必要に応じてその理由を明示の上、社員の所持品について検査を行うことができ、当該社員は、その検査に応じる義務がある。

2．会社は、業務上必要な場合及び社内秩序維持並びに危機管理等に必要な場合に、会社が社員に貸与したパソコン等電子機器で送受信した電子メール、当該社員がインターネットで閲覧したページ、ビジネスチャットにおいて発信又は受信した内容、その他のデータ等を閲覧することができる。

3．第2項の閲覧に際して、会社から閲覧に必要なパスワードの開示を求められた場合は、当該社員は速やかにそれに応じる義務がある。

（各種届出義務）

第39条　社員は、次の事項に異動が生じた場合には、会社に届け出るものとする。

①　氏名

②　現住所、電話番号、通勤経路

③　扶養家族

④　学歴、資格・免許

2．届出に遅滞があったことによる社員本人の不利益は、原則として、当該社員が負うものとする。

（副業・兼業の許可）

第40条　社員が副業・兼業を行う場合は、事前に会社へ届け出て、許可を受ける必要がある。

2．会社は、次のいずれかに該当する場合、副業・兼業を不許可又は制限する。

①　競業により、会社の利益を害する場合

②　社員の健康を害するおそれ又は労務提供上の支障が生ずるおそれがある場合

③　当社での平均的な1か月の時間外労働時間と副業・兼業先での1か月予定労働時間を通算した時間が、時間外労働の上限規制（月100時間、複数月の平均80時間）を超えることが明らかな場合

④　企業秘密が漏洩するおそれがある場合

⑤　副業・兼業の内容が会社の社会的信用を失墜させるおそれがある場合

⑥　その他不適当と認められる場合

3．社員は、第1項の届出内容に変更が生じた場合は、速やかに会社に報告する必要がある。

4．副業・兼業を許可された社員は、6か月ごとに1回、会社が定める時期に副

業・兼業の現況を報告するものとする。ただし、会社が不要と認めた場合はこの限りではない。

（内部通報）

第41条　社員が、事業の運営に関することで、会社に不利益又は損害を与えると推測される情報を知った場合は、直ちにそれを会社に報告するものとする。

2．会社は、社員が第1項の情報を会社に報告したことを理由に、その者を不利益に取り扱うことはしない。また、報告者についての秘密も厳守する。

（服務規律違反に対する措置）

第42条　社員がこの章で定めた服務規律に違反する行為をなした場合は、その社員及び所属長は、速やかに事態を回復するための措置を講じる必要がある。

2．服務規律に違反した社員は、速やかにその旨を所属長に告げた上、指示を仰ぐものとする。

3．服務規律に違反した社員の所属長は、その社員からの報告を受けた場合、又はその違反行為に気づいた場合には、速やかに対処する必要がある。

4．会社は服務規律違反をした社員に対して、その報告を求め、かつ、顛末書その他必要な書類の提出を求めることができる。

5．服務規律違反をした社員以外の社員は、会社より事実関係把握のために協力を求められた場合は、それに協力する必要がある。

第2節　勤務時間、休憩及び休日

（所定労働時間・休憩）

第43条　所定労働時間は、休憩時間を除き、原則として1日8時間とし、休憩時間は、業務の途中に60分とする。また、具体的な始業、終業及び休憩は次のとおりとする。ただし、休憩は労使協定を締結した場合は、その内容に従うものとする。

通常勤務

始業	●：●●	終業	●：●●
休憩	●：●●〜●：●●		

2．交通機関の計画運休その他やむを得ない事情がある場合又は業務上の必要がある場合は、始業・終業の時刻及び休憩時間を変更することがある。

（テレワーク勤務）

第44条　会社は、別に定めるテレワーク規程によりテレワーク勤務を命じることができる。

（専門業務型裁量労働制）

第45条　会社は、業務上の必要がある部門及び社員（対象業務に就く者に限る）について、労使協定を締結の上、専門業務型裁量労働制を適用し、業務遂行の手段及び時間配分の決定等を、当該社員の裁量に委ね勤務させることができる。

2．第1項の裁量労働制の対象業務及び対象社員は、労使協定で定める。

3．始業及び終業の時刻並びに休憩時間は、それぞれ第43条の定めるところによるが、業務の遂行に必要な範囲において、対象社員による裁量的運用を認めるものとする。

4．休日は第46条の定めるところによる。

5．対象社員が休日又は深夜に労働する場合においては、あらかじめ所属長の許可を得なければならない。

6．その他の取扱いについては、労使協定の定めによるものとし、労使協定をこの規則に添付し、就業規則の一部とする。

（休日及び年間所定労働日数）

第46条　休日は次のとおりとする。

① 土曜日、日曜日

② 国民の祝日

③ 年末・年始（●月●日より●月●日まで）

④ その他会社が指定する日

2．休日出勤により1週間（土曜日を起算日とする）のうち1日も休日が確保されなかったときは、その週の最後の休日日を法定休日とし、1日以上の休日が確保できている場合は、実際に休日を取った日の中で最後の日を法定休日とする。

3．会社の年間所定労働日数は、●●●日とする。この場合の起算日は、●月●日とする。

（休日の振替）

第47条　交通機関の計画運休その他やむを得ない事情がある場合又は業務上の必要がある場合は、第46条の休日の一部又は全部につき他の日に変更することがある。休日を変更するときは、事前に指定して社員に通知する。

2．会社は、あらかじめ定めた休日に社員を労働させるときは、当該勤務日と同一週内において休日を変更することができる。この場合、あらかじめ定めた休日は労働日となり、変更後に休日となった日が所定休日となる。

第3節　時間外勤務

（時間外勤務）

第48条　会社は、業務の都合により必要ある場合は、時間外勤務及び休日勤務を命ずることができる。ただし、法定労働時間を超える場合、若しくは法定休日に勤務を命じる場合は、労働基準法第36条で定めた労使協定において協定した時間を限度とする。

２．社員自身が時間外勤務及び休日勤務を必要とする場合は、事前に申請し、会社の許可を得る必要がある。なお、許可なしに行った時間外勤務等は正式な時間外勤務若しくは休日勤務とは認めず、その時間分の賃金は支払わない。ただし、事前申請できないやむを得ない事由があったと会社が認めた場合はこの限りではない。

（労働時間の適用除外）

第49条　この章に規定する労働時間、休憩及び休日に関する定めは、管理監督の職にある者、機密の業務を取り扱う者及び行政官庁の許可を受けた監視又は断続的業務に従事する者には適用しない。

第4節　出張及び事業場外勤務

（出　　張）

第50条　会社は、業務上必要があるときは、出張を命ずることができる。

２．出張した社員は、帰着後直ちに所属長に業務報告を行うものとする。

３．出張旅費に関しては、別に定める旅費規程による。

（事業場外労働）

第51条　第43条の規定にかかわらず、社員が外勤、出張その他会社外で就業し、会社で労働時間の算定が困難な場合は、所定労働時間労働したものとみなす。

第5節　休暇

（年次有給休暇）

第52条　会社は、毎年10月1日において、一定の要件を満たした社員を対象に次の表のとおり、年次有給休暇を付与する。

雇用契約開始日の翌日以降に10月1日を迎えた回数	1回目	2回目	3回目	4回目	5回目	6回目	7回目以降
付与日数	10日	11日	12日	14日	16日	18日	20日

2．第1項の「一定の要件」とは前年度1年間（採用初年度の場合は6か月間）の出勤率が80％以上であることとする。なお、採用初年度で雇用期間が6か月に満たない場合及び2回目の付与日で前回の付与日からの期間が1年に満たない場合は既定の期間に切り上げて考え、切り上げた期間は出勤したものとみなして出勤率を計算する。

3．第2項の出勤率は、次の式により算定する。

出勤日数÷所定労働日数×100

なお、次の各号の期間は、出勤率の算定にあたっては出勤したものとして取り扱う。

① 年次有給休暇取得日
② 特別休暇取得日
③ 産前産後休暇
④ 育児、介護休業期間
⑤ 業務上の傷病による休業期間
⑥ 社員の責めに帰さない不就労日

4．第1項にかかわらず、雇用契約開始日から6か月が経過した日が10月1日より前の場合は、その翌日を1回目の10月1日を迎えた日とみなして10日付与し、初めて10月1日を迎えた日を2回目の到来日とみなして11日付与し、以降は、本条第1項の表に応じた日数を与える。

5．付与された年次有給休暇が未消化の場合は、翌年度に限り繰り越すことができる。

6．社員は、前日までに会社に所定の方法で届け出ることにより年次有給休暇を取得することができる。ただし、急病などやむを得ない場合、当日の始業時刻前までに電話連絡し、所属長の承認を得たときは、この限りではない。

7．第5項にかかわらず、5労働日以上連続した年次有給休暇を取得する場合は、業務への支障を回避する観点から2週間以上前までに届け出るものとする。

8．第6項、第7項にかかわらず、社員から請求された時季に年次有給休暇を与えることが事業の正常な運営を妨げると会社が判断した場合は、会社は年次有給休暇の取得日を他の日に変更することができる。

9．年次有給休暇は、半日単位に分割して取得することができる。この場合、前半休と後半休の区切り時間は、休憩時間を除く始業時間からの実働時間が●時間になる時刻とする。

10．会社は、年次有給休暇が10日以上与えられた社員に対して、付与日から1年以内に、当該社員の有する年次有給休暇日数のうち5日について、当該社員から意見を聴取し、その意見を尊重した上で、あらかじめ時季を指定して取得させるものとする。ただし、社員がすでに年次有給休暇を取得している場合においては、当該日数分を5日から控除した日数について前述の取扱いをするものとする。

11．会社は、労使協定により、社員が有する年次有給休暇のうち5日を超える部

分については、あらかじめ時季を指定して取得させることができる。

（特別休暇及び時間休暇）

第53条　社員は、次の各号の一に該当する場合は、特別休暇及び時間休暇を取得
することができる。

名称	要件	日数
①夏季休暇	6月1日から9月30日の間	連続又は分割した任意の3労働日（期間内に取得できない場合はその権利は消滅する）
②リフレッシュ休暇	勤続年数が以下に該当した日の属する年度の翌年度の1年間・5年・10年・15年・20年・25年・30年・35年・40年	勤続5年：3労働日 勤続10年～40年：5労働日 ただし、付与年度中（10月1日～翌年9月30日）に連続又は分割して取得し、繰越しは行わない
③結婚休暇	本人が結婚したとき 子が結婚したとき	連続5労働日（入籍若しくは挙式日のいずれか早い日から6か月以内に取得日を申し出る） 1労働日（入籍日・結婚式の前後3労働日以内に1回に限り取得できる）
④忌引休暇	父母（義父母）、配偶者及び子が死亡したとき 祖父母、兄弟姉妹、孫が死亡したとき	5労働日 2労働日 取得期間は、死亡後10労働日以内とし、分割にて取得することはできない
⑤出産休暇	本人が出産のとき（産前産後休暇）	産前6週間（多胎の場合は14週間）産後8週間（なお、産後6週間までは法律の定めにより勤務することができない。また、その後は本人の希望があり、医師が認めた場合に限り働くことができる）
⑥育児時間	生後1年未満の子を育てる女性社員が請求したとき	1日2回、各々30分
⑦生理休暇	女性社員が生理日の就業が困難なとき	必要な期間
⑧公民権行使の時間	選挙権その他の公民としての権利を行使するとき	必要な時間

⑨裁判員休暇	社員が裁判員候補者、選任予定裁判員、裁判員、補充裁判員（以下「裁判員等」という）になったとき	裁判員等として職務を遂行するために必要な日数
		権利の行使又は公の職務執行を妨げない限り、請求した時刻を会社は変更することができる
⑩看取り休暇	子、父母、配偶者の看取りが必要なとき	2労働日（看取りが必要なとき、1対象者に1回限り取得できる）
⑪その他	火災、洪水、台風、地震などにより社員が罹災したとき	必要な期間
	その他特別な事由により会社が必要と認めた休暇	必要な期間

2．特別休暇の取得を希望する社員は、事前に会社に申請し、許可を得る必要がある。ただし、第1項5号から9号については、許可を要せず、届出のみで休暇を取得できる。

3．第1項第5号、第6号、第7号、第8号のときは無給とする。第9号のときは、裁判所から支給される日当が対象社員の平均賃金額に満たない場合のみ、その差額を支給し、その他の場合は無給とする。また、第11号のときはその都度定める。それ以外の休暇は、通常の給与を支給する。

4．社員は、本条第1項第9号で休暇を取得する場合は、事前に裁判所からの呼出状の写し及び事後に職務遂行を証明する書類の写しを提出する必要がある。

（母性健康管理のための休暇等）

第54条 妊娠中又は産後1年を経過しない女性社員は、次の範囲で所定労働時間内に、母子保健法に基づく保健指導又は健康診査を受けるための時間を取得できる。

① 産前の場合
・妊娠23週まで　4週に1回
・妊娠24週から35週まで　2週に1回
・妊娠36週から出産まで　1週に1回
ただし、医師等がこれと異なる指示をしたときは、その指示により必要な時間とする。

② 産後（1年以内）の場合
医師等の指示により必要な時間

2．妊娠中又は産後1年を経過しない女性社員が、保健指導又は健康診査に基づき勤務時間等について医師等の指導を受けた場合、以下の扱いとする。

① 通勤時の混雑を避けるよう指導された場合は、時差出勤

② 休憩時間について指導された場合は、休憩回数の増加、休憩時間の延長

③　妊娠中又は出産後の諸症状の発生又はそのおそれがあると指導された場合
　　は、勤務時間の短縮、休業、作業の軽減等
3．第1項の請求及び第2項の申出をする社員は、医師等の指示又は指導内容が
　記載された証明書を会社に提出するものとする。なお、第1項及び第2項によ
　り勤務しなかった時間は無給とする。

（育児・介護休業等）
第55条　育児休業に関しては、別に定める育児・介護休業規程による。

（休　　業）
第56条　会社の都合により、社員の全部又は一部を休業させる場合がある。

第4章　給与

（給　　与）
第57条　社員の給与は、別に定める賃金規程による。

第5章　教育・研修

（教　　育）
第58条　社員は、安全衛生又は人格の向上並びに知識及び技能の向上のために、
　会社が実施又は外部に委託して行う教育、研修を受ける義務がある。

第6章　表彰及び懲戒

第1節　表彰

（表　　彰）
第59条　社員が、次の各号の一に該当する場合は、その都度選考の上、表彰する。
　①　技術優秀、品行方正、業務熱心で他の模範となるとき。
　②　業務上有益な発明、改良、又は工夫、考案のあったとき。
　③　災害を未然に防止し、又は災害の際、特に功労のあったとき。
　④　社会的功績があり、会社の名誉となる行為があったとき。
　⑤　模範的な勤務態度で長年にわたり継続勤務したとき。
　⑥　自らの業務の範囲を超えて、若しくは業務と関連のないことにおいて積極
　　的に他の従業員や所属長をサポートし、良好な組織風土の醸成、維持に貢献
　　したとき。
　⑦　その他前各号に準ずる善行又は功労のあったとき。
2．第1項の表彰は、賞状を授与し、賞品又は賞金を贈って行う。

第2節　懲戒

（懲戒の種類及び程度）

第60条　会社は、社員が、第3章第1節に定めた事項、その他就業規則並びに会社が定めた諸規程に違反したときは、その軽重に応じて懲戒することができる。

2．懲戒はその違反の軽重及び情状に応じ、次の区分により行う。

① 譴責　　　　始末書を取り将来を戒める。

② 減給　　　　賃金を減給する。ただし、その範囲は、1回の事案に対して、平均賃金の1日分の半額以内、複数の事案があった場合の総額が1か月の賃金総額の10分の1以内とする。

③ 出勤停止　　30労働日以内の期間を定めて出勤を停止し、その期間中の賃金は支払わない。状況により期間を延長する場合がある。

④ 諭旨退職　　懲戒解雇相当の事由がある場合で、本人に反省が認められるとき、退職を勧告し退職させる。ただし会社で定めた期日までに退職願を提出しないときは懲戒解雇とする。

⑤ 懲戒解雇　　予告期間を設けることなく即時解雇する。この場合において所轄労働基準監督署長の認定を受けたときは、解雇予告手当は支払わない。

（懲戒解雇事由）

第61条　会社は、社員が次の各号のいずれかに該当する場合は、その社員を懲戒解雇することができる。

① 社員が正当な理由なく無断で遅刻、早退を繰り返し、注意を受けたにもかかわらず改めなかったとき。

② 社員が正当な理由なく、任意の1年以内に通算14労働日以上の無断欠勤又は連続して10労働日以上の無断欠勤をしたとき。

③ 社員が、自己又は第三者の利益を図る目的で虚偽の報告を行ったとき、又は虚偽の報告を行って会社に多大な損害、若しくは影響を与えたとき。

④ 素行不良で社内秩序又は風紀を乱したとき、又はそのおそれがあるとき。

⑤ 社員が、暴行、脅迫、言説の流布等により、職場の風紀・秩序を乱したとき。

⑥ 社員が第33条に定めるハラスメント行為を行い、その内容が重大又は悪質なとき。

⑦ 社員が、会社・他の従業員・取引先等会社関係者の金品を窃取又は横領したとき。

⑧ 社員が、職務に関連して自己の利益を図り、又は他より不当に金品を借用若しくは贈与を受けるなど不正な利益供与を受けた場合で、会社に多大な金銭的損害を与え、又は会社の信用を失墜させたとき。

⑨ 社員が私生活上の非違行為や会社に対する正当な理由のない誹謗中傷等で、会社の信用を損ない、業務に悪影響を及ぼす行為をしたとき。

⑩　社員が、業務中、業務外にかかわらず、飲酒・酒気帯び運転が原因で人身事故又は重大な事故を発生させたとき。

⑪　刑法その他刑罰法規に違反する行為を行い、その犯罪事実が明らかとなったとき（当該行為が軽微な違反である場合を除く）。

⑫　社員が、会社の業務及び他者のプライバシーに関し、その職務上知り得た重大な秘密事項について開示したり、過失により漏洩させたり、又は業務外の目的に使用したとき。

⑬　故意又は過失により、会社の施設若しくは金品を毀損減失し、生産性の低下又は労働災害その他の人身事故を発生させたとき。

⑭　故意又は過失により会社に損害を与え、又は会社の信用を失墜させたとき。

⑮　会社の業務を妨害し、又は妨害しようとしたとき。

⑯　職務に不熱心で誠実に勤務しようとせず、会社が数度の注意をしても改まらないとき。

⑰　会社の指示、命令に従わず、業務若しくは会社の秩序維持に支障を生じさせたとき。

⑱　部下の管理監督、業務上の指導、又は必要な指示注意を怠ったとき。

⑲　過去に懲戒処分を受けたにもかかわらず、懲戒処分に該当する行為を繰り返すとき。又は反省の姿勢が見えず、態度を硬化する等、会社秩序維持に悪影響を及ぼすとき。

⑳　その他前各号に準ずる程度の悪質な就業規則違反及び諸規程違反があったとき。

（懲戒の手続き）

第62条　会社が懲戒処分を行おうとするときは、処分の内容、非違行為、懲戒の事由等を当該社員に通知するものとする。

２．懲戒処分を受けるときは、当該社員は、本人の申し出により弁明の機会を得ることができる。なお、その申し出は通知書交付日（通知日）より５労働日以内に書面で行う必要がある。

３．第１項の通知書について、本人が受け取りを拒否する場合は会社が書面を交付しようとした日を通知日とする。

（懲戒前自宅待機措置）

第63条　会社は、社員の行為が懲戒処分に該当する可能性があると判断した場合は、調査又は審議決定するまでの間、当該社員に対して、自宅待機を命ずることができる。

（教唆及び幇助）

第64条　社員が他人を教唆し、又は幇助して懲戒の事由に相当する行為をさせたときは、就業規則に準じて懲戒に処する。

（加重）

第65条　会社は、次の各号の事由に該当する場合には、その懲戒を加重することができる。

①　非違行為の内容若しくは動機が悪質であるとき。

②　非違行為の結果が重大であるとき。

③　非違行為を行った社員が管理又は監督の地位にあるなど役職者であるとき。

④　非違行為が会社に及ぼす影響が大きいとき。

⑤　過去に類似の非違行為を行ったことを理由として懲戒処分を受けたことがあるとき。

⑥　同時に2つ以上の懲戒処分に該当する行為を行っていたとき。

（損害賠償）

第66条　社員が故意又は過失によって会社に損害を与えたときは、会社はその全部又は一部の賠償を求めることがある。

2．社員は、損害賠償の責任を退職後も免れることはできない。また、本人により賠償がなされないときは、会社は、身元保証人に賠償を求めることができる。

第7章　補償

（業務上の死亡、傷病による補償）

第67条　社員は業務上の災害により、負傷疾病にかかったときは、その程度に応じ、労働基準法の定めにより災害補償を受けることができる。

①　療養補償　治療に必要な医療代（治療費、通院費、入院費、看護料などの費用）を支給する。

②　休業補償　平均賃金の60％を支給する。

③　障害補償　負傷、疾病がなおっても、身体精神に障害を残す場合は、その程度に応じて、法定の等級により平均賃金の50日分以上1,340日分までを支給する。

④　遺族補償　死亡したとき平均賃金の1,000日分を支給する。

⑤　葬祭料　葬儀を行ったものに平均賃金の60日分を支給する。

2．第1項の定めにより災害補償を受ける社員が、労働者災害補償保険の給付を受けることができる状況にあるときは、左記保険を優先して使用するものとする。その場合、本条に定める補償は行わない。

3．業務上の災害により休業し、第1項の療養給付又は労働者災害補償保険上の療養補償給付を受けることができる社員が、療養開始後3年を経過しても治癒しないときは、それ以後の補償に変え平均賃金の1,200日分の打切補償を行い、その後の災害補償は行わない。

4．労働者災害補償保険上の傷病補償年金を受けることができるときは、左記年金を第3項の打切補償とみなすことができる。

第8章　安全衛生

（遵守義務）
第68条　会社は、社員の安全衛生の確保及び改善を図り、快適な職場環境の形成のために必要な措置を講じるものとする。
2．社員は、安全衛生上必要と認められる措置及び災害発生の防止について協力し、特に安全、防災に関して次の各号を厳守する義務を負う。
　①　職場の整理整頓に努め、特に通路、非常口及び防火設備のある場所に物品を置かないこと。
　②　安全装置、消火設備、衛生設備その他危害防止のため設けられた諸施設を許可なく除去、変更又はその効力を失わせるような行為を行わないこと。
　③　ガス、電気、危険物、有害物質等の取扱いは、所定の方法に従い慎重に行うこと。
　④　安全、防災に関する管理者の指示に従うこと。

（健康診断）
第69条　社員は、会社が毎年行う定期健康診断を受ける義務がある。また、法令で定められた特定業務に従事する社員に対しては、定期健康診断の他に健康診断を行う場合がある。
2．第1項の健康診断は、会社が指定した医療機関で所定労働時間中に行うことを原則とする。
3．第2項にかかわらず、会社が指定した医療機関以外での診断を希望する社員は、その旨を会社に申し出て、別の医療機関で受診することができる。ただし、この場合でも法律上で定められた定期健康診断項目を必ず受診しなければならない。
4．健康診断の時間は、労働時間とするが、第3項の定めにより会社指定外の医療機関での受診は業務時間外に行うものとし、労働時間とはしない。
5．会社指定外の医療機関で行った健康診断に要した費用については、会社指定の医療機関を受診した場合に要する費用を上限に会社が負担することとし、健康診断に要した交通費等は全額自己負担とする。
6．健康診断の結果は、法律の定めに従い、会社も確認及び保管するものとする。したがって、会社指定外の医療機関で受診した社員も、その結果を会社に提出する義務がある。
7．会社は、健康診断の結果、特に必要があるときは、当該社員の就業を一定期間禁止し、又は労働時間の短縮、配置転換その他必要な措置を行うことがある。

（医師等による面接指導）
第70条　長時間労働により疲労の蓄積が認められる社員から申出があった場合には、会社は医師による面接指導を行う。

２．第1項の面接指導の結果、必要と認めるときは、一定期間の就業禁止、又は労働時間の短縮、配置転換その他必要な措置を行うことがある。

（就業禁止等の措置）
第71条　社員が次の各号のいずれかに該当した場合は、就業禁止とする。
　①　伝ぱのおそれのある伝染症の疾患に罹患した場合
　②　心臓・腎臓・肺等の疾病で労働のため症状が著しく増悪するおそれがある疾病に罹患した場合
　③　医師が就業不適当と認めた場合
　④　その他厚生労働大臣が定める疾病、その他法律に定める就業が禁止される疾病に罹患した場合
２．第1項の他に、会社は当該社員の心身の状況が就業に適さないと判断した場合、就業禁止を命じることができる。
３．第1項及び第2項の定めにより就業禁止とした期間は無給とする。

附則
　本規則は　　　　年　　　月　　　日より施行する。

賃　金　規　程

株式会社ABC

第1章　総則

（目　　的）
第1条　この規程は、社員の賃金に関して必要な事項を定めたものである。

（賃金の原則）
第2条　賃金は労働の対価として支給する。
2．会社の指示によらない労働に対しては、賃金を支給しない。

（適用範囲）
第3条　この規程は、就業規則第2条第1項に規定する正社員に適用する。

（賃金の体系）
第4条　賃金の体系は次のとおりとする。
2．基本給
3．手当
　①　管理職手当
　②　専門業務型裁量労働手当
　③　テレワーク手当
　④　家族手当
　⑤　資格手当
　⑥　営業手当
　⑦　通勤手当
4．割増賃金
　①　時間外勤務手当
　②　休日勤務手当
　③　深夜勤務手当

（賃金の支払形態）
第5条　賃金は、原則として月額をもって定める。

（賃金の計算期間及び支払日）
第6条　賃金の計算期間は、毎月●日から●日までとする。
2．第1項で計算した賃金は、●日に支払う。ただし、支給日が金融機関の休業日にあたるときは、その直前の金融機関の営業日を支払日とする。
3．次の各号の一に該当するときは、第2項の規定にかかわらず、社員の請求があれば、既往の労働時間分に対する賃金について、賃金支給日前に支払う。
　①　社員又はその収入によって生計を維持する者の出産、疾病、災害
　②　社員又はその収入によって生計を維持する者の結婚、死亡

③　社員又はその収入によって生計を維持する者のやむを得ない事由による1週間以上の帰郷

　④　社員の死亡、退職、解雇

4．第3項の定めにしたがい、支給日前の支払いを求める社員は、会社からその理由に至った事実を証明する書類を求められた場合は、速やかに提出する必要がある。

（賃金の支払方法）

第7条　会社は、本人が指定した預金口座に賃金を振り込むものとする。ただし、この場合、振り込みによる支払いについて、本人からあらかじめ同意を得るものとする。

2．第1項にかかわらず、やむを得ない事由がある場合は、会社は、賃金支払日に現金で直接本人に支払うことができる。この場合は、あらかじめ本人にその旨を通知する。

（賃金からの控除）

第8条　会社は、賃金の支給に際して、次の各号に掲げるものを毎月の賃金から控除することができる。

　①　所得税

　②　住民税

　③　健康保険料（介護保険第2号被保険者については、介護保険料を含む）

　④　厚生年金保険料

　⑤　雇用保険料

　　その他次の各号に掲げたもののうち、労使協定で定めたもの

　⑥　会社が貸し付けた貸付金の返済金

　⑦　社内親睦会、同好会の会費

　⑧　既支給の賃金に過払いがあった場合の返金

　⑨　上記の他、会社と金銭の精算が必要となった場合の当該金銭

（賃金の日割、時間割計算）

第9条　1つの賃金計算期間の途中において、入社、休職、復職、退職又は解雇があった場合は、日割又は時間割で計算して賃金を支払う。

2．賃金を日割計算するときは、以下の計算式で行う。この場合、円未満の端数については、50銭未満は切り捨て、50銭以上は1円に切り上げるものとする。

$$日\;給 = \frac{基本給 + ●●手当 + ●●手当}{その月の所定労働日数}$$

3．時間割計算は、以下の計算式で行う。円未満の端数については、50銭未満は切り捨て、50銭以上は1円に切り上げるものとする。

$$時間給 = \frac{基本給 + ●●当 + ●●手当}{その月の所定労働時間}$$

（平均賃金計算）

第10条　平均賃金を計算するときは、以下の計算式で行う。この場合、円未満の端数については、50銭未満は切り捨て、50銭以上は1円に切り上げるものとする。

$$平均賃金 = \frac{直前の賃金締切日より起算した3か月間の賃金総額}{直前の賃金締切日より起算した3か月間の総暦日数}$$

（不就労時間の賃金）

第11条　管理監督者以外の社員が、欠勤により、1日の所定労働時間内の全部について不就労であった場合、その不就労日に対する賃金を第9条第2項の計算式に従い控除する。ただし、●●手当の減額は行わない。

2．管理監督者以外の社員が、遅刻、早退及び私用外出などで所定就業時間の一部について不就労であった場合、その不就労時間に対する賃金は、第9条第3項の計算式に従い控除する。ただし、●●手当の減額は行わない。

3．第1項、第2項にかかわらず、1つの賃金計算期間のすべてにわたって不就労であったときは、いかなる賃金も支給しない。これはすべての社員に適用する。

（休業時の賃金）

第12条　会社の責めに帰すべき事由により、休業させたときは、休業手当を支給する。

2．休業手当の額は、1日につき第10条で定めた平均賃金の60%とする。

第2章　基本給

（基本給）

第13条　基本給は、各人の職種、経験及び職務遂行能力、勤務態度、勤務成績、市場の水準等を総合考慮の上、月額で定める。

（賃金改定）

第14条　賃金改定（昇給・降給）は、改定日に在籍している社員について、原則として毎年1回●月に行う。

2．次の各号に掲げる社員については、基本給の改定は行わない。

　①　改定日に育児休業又は介護休業中の社員

②　改定日に休職中の社員

3．第2項に該当する社員については、人事考課を行った結果、賃金改定がある場合は、休業終了後に改定を行う。

（特別改定）

第15条　会社は、勤務成績が特に優秀であると会社が認めた社員、又は勤務成績及び勤務態度不良、若しくは能力の不足があると会社が認めた社員について、第14条の規定にかかわらず、特別に基本給を改定し、昇給若しくは降給させることができる。

2．第1項の特別改定については、所属長の申請により会社が決定することを原則とする。

第3章　諸手当

（支給の開始及び終了）

第16条　1つの賃金計算期間の途中で諸手当の支給対象に該当した場合は、その次の賃金計算期間から当該手当を支給することとし、賃金計算期間の途中で支給対象から外れた場合は、次の賃金計算期間から当該手当を支給しない。

2．第1項にかかわらず、当該社員が、支給対象となったことを証明する書類等を提出しなかった場合は、書類が提出された翌賃金計算期間から当該手当を支給するものとする。

3．第1項にかかわらず、支給対象から外れたにもかかわらず、会社にその旨の申告が遅れたことで支給された手当は、会社の求めに応じて速やかに返金しなければならない。

4．第3項の定めにしたがい、社員が返金した場合でも、申告遅延に故意若しくは悪質な動機があると会社が判断した場合には、懲戒処分の対象となる場合がある。

（管理職手当）

第17条　管理職手当は、会社が管理監督者として位置付ける役職に就く社員に対して支給する。管理職手当の額は、以下のとおりとする。なお、管理職手当を支給する者に対しては、深夜勤務手当を除く割増賃金は支給しない。

役職	手当額（月額）
課長	80,000円
部長	100,000円

（専門業務型裁量労働手当）

第18条　専門業務型裁量労働手当は、会社が専門業務型裁量労働制の対象労働者

として取り扱う者に対して支給する。専門業務裁量労働手当は、○○時間分の
時間外勤務手当の代わりとして支給する。

（テレワーク手当）
第19条　会社は、テレワーク規程に定めた対象社員に対し、テレワーク環境整備
　　及び通信費並びに光熱費等の補助を目的として、テレワーク手当を月額○○○
　　○円支給する。

（家族手当）
第20条　家族手当は、健康保険法の被扶養者として認められている配偶者又は子
　　どもを扶養する社員に対して次のとおり支給する。
　　①　配偶者　　　　　月額5,000円
　　　　ただし配偶者には、婚姻の届け出をしていないが、事実上の婚姻関係と同
　　　　様の事情にある者で年金事務所が認めた者を含む。
　　②　子ども　　　　　１人につき月額　10,000円
　２．家族手当は、月額で30,000円を上限とする。

（資格手当）
第21条　資格手当は、以下の資格を保有している社員に支給する。
　　①　●●資格　　　　月額●●●●円
　　②　●●資格　　　　月額●●●●円

（営業手当）
第22条　営業手当は、●●の業務に就く社員に、●●時間分の時間外勤務手当の
　　代わりとして固定的に支給する。
　２．営業手当が支給されている社員の実際の時間外労働が１つの賃金計算期間に
　　おいて●●時間に満たなくても、当該手当を減額することはない。

（通勤手当）
第23条　会社は、通勤のために電車、バス等の有料交通機関を常時利用する社員
　　に、居住地から勤務地までの経済的かつ合理的な区間の１か月定期券購入費の
　　実費を毎月支給する。なお、新幹線、特急などの料金及び有料座席料金は支給
　　対象としない。
　２．第１項にかかわらず、賃金計算期間の途中に入社、退職、休職又は復職した
　　社員又は欠勤、テレワーク勤務等により実際の通勤が１つの賃金計算期間内に
　　おいて●日以内の社員には、１日あたりの往復交通費に出勤日数を乗じて得た
　　額を支給する。なお、賃金計算期間の途中で転居した場合も、この項の定めに
　　したがって計算する。
　３．第１項、第２項にかかわらず、居住地から勤務地までの直線距離が1.5km以

内の社員には、通勤手当は支給しない。

4．第1項、第2項にかかわらず、居住地又は勤務地から、それぞれの最寄り駅までの直線距離が1.5km以内の社員には、その区間の通勤手当は支給しない。

5．通勤手当の上限額は、月額25,000円とする。

第4章　割増賃金

（時間外・休日勤務・深夜手当）

第24条　管理監督者以外の社員が、1日8時間又は1週40時間を超えて勤務することを命ぜられ、その勤務に服したときは、時間外勤務手当を以下の計算により支給する。

$$時間外勤務手当 = \frac{基本給 + ●●手当 + ●●手当}{1か月平均所定労働時間} \times 時間外勤務時間数 \times 1.25$$

2．管理監督者以外の社員が、法定休日に勤務を命ぜられ、その勤務に服したときは、休日勤務手当を以下の計算により支給する。

$$休日勤務手当 = \frac{基本給 + ●●手当 + ●●手当}{1か月平均所定労働時間} \times 法定休日勤務時間数 \times 1.35$$

3．管理監督者以外の社員が、深夜（午後10時から午前5時まで）勤務を命ぜられ、その勤務に服したとき、若しくは管理監督者が業務上やむを得ず深夜勤務に服したときは、深夜勤務手当を以下の計算により支給する。

$$深夜勤務手当 = \frac{基本給 + ●●手当 + ●●手当}{1か月平均所定労働時間} \times 深夜勤務時間数 \times 0.25$$

4．第22条で定めた営業手当が支給されている社員については、第1項の定めにより計算した額が、営業手当として支給されている額を超える場合に限り、その差分を支給する。

第5章　賞与

（賞　　与）

第25条　会社は、毎期6月及び12月に、会社の業績、本人の勤務成績、勤務態度、人事評価の結果、将来への会社の貢献期待、会社業績の将来への見通し等を総合的に勘案して、賞与額を決定し、支給する。ただし、会社は、業績不振のときは、支給時期の変更又は不支給とすることができる。

2．第1項の他に会社業績が良好なときは、別途期末に臨時賞与を支給することがある。

3．会社は、賞与の支給額及び支給日をその都度定めるものとする。

４．賞与の支給の対象者は、第26条の支給対象期間の全期間に在籍し、賞与の支給日にも在籍している社員とする。

（支給対象期間）
第26条　賞与の支給対象期間は次のとおりとする。
　　夏季支給対象期間　　●月●日より　●月●日まで
　　冬季支給対象期間　　●月●日より　●月●日まで

第６章　退職一時金

（早期退職表明一時金）
第27条　会社は、次に定める時期に退職願を会社に提出し、会社の承認を得て、かつ第２項の要件を満たした社員に、早期退職表明一時金を退職後に支給する。
　　時期　　退職希望日より３か月以上前に提出
　　支給額　基本給×１か月分（ただし、上限を●●万円とする）
２．早期退職表明一時金は、次の各号のすべてを満たしている社員に支給される。
　　①　退職希望日において、勤続年数が３年以上であること。
　　②　退職希望日から１年以内に定年退職、雇用契約期間満了など、そもそも雇用関係が終了することが予定されていないこと。
　　③　退職願提出日において、休職中など勤務免除期間中ではないこと。
　　④　退職願を提出した日から退職日までの間において、所定労働時間のすべてに勤務した実労働日が、所定労働日の80％以上であること。

附則
　　本規程は　　　年　　月　　日より施行する。

テレワーク規程

株式株式会社ABC

第1章　総則

（目的）

第1条　この規程は、社員がテレワークを行う際に必要な事項を定めたものである。

（定義）

第2条　テレワークとは、情報通信技術を活用した、場所や時間にとらわれない柔軟な働き方をいう。この規程においてテレワークとは次のとおりとする。

① 在宅勤務：在宅勤務とは、所定労働時間の全部又は一部について、社員の自宅、その他自宅に準じる場所（会社が指定する場所に限る）において会社が定めた通信機器及び情報通信手段を用いて行う勤務とする。

② サテライトオフィス勤務：会社所有の所属事業場以外の会社専用施設（以下、「専用型オフィス」という）、または、会社が契約している他会社所有の共用施設（以下、「共用型オフィス」という）において会社が定めた通信機器及び情報通信手段を用いて行う業務をいう。

③ モバイル勤務：在宅勤務及びサテライトオフィス勤務以外で、かつ、社外で情報通信機器を利用した勤務をいう。いわゆるワーケーションはこれにあたる。

第2章　テレワークの許可・利用

（テレワーク勤務の対象者）

第3条　テレワークの対象者は、就業規則第2条に規定する社員であって、会社がテレワークを命じた者若しくは本人が希望し会社が許可した者とする。

2．会社は、次の各号のいずれかに該当し、予定しているインターネット及びセキュリティ環境、自宅の執務環境（在宅勤務の場合）、家族の理解及び協力体制（在宅勤務の場合）のいずれも適正と認められる社員に在宅勤務を許可するものとする。

① テレワークに適している業務に就いている者で、テレワーク時において、オフィス勤務と同等以上の成果が期待できる者

② テレワークに適している業務に就いている者で、育児、介護、社員自身の傷病等により、出勤が困難な者

3．会社は、次の各号のいずれかに該当する場合は、テレワークを命じることができる。

① 感染症法等の法令に定める疾病の感染拡大防止の措置が必要な場合

② 天災事変その他の事情により通常のオフィス勤務が困難な場合

③ その他業務上の必要性がある場合

（テレワークの申請・許可）

第4条　社員がテレワークを希望する場合は、テレワーク予定日の1週間前までに申請し、会社から許可を受けなければならない。

2．会社は、第1項の申請を受けてテレワークを許可する場合は、期間を定めて許可するものとする。したがって、許可期間を超えてテレワークを希望する場合は、当該社員は、再度申請する必要がある。

3．会社は、第3条第2項第2号の事実を確認するために、当該社員に対して必要最小限の書類の提出を求めることがある。なお、育児休業、介護休業の届出をしている者は、提出を不要とし、傷病手当金の申請をしている者は、その申請をもって代えることができる。

4．会社は、業務上その他の事由により、第2項の許可を取り消すことができる。

5．第2項によりテレワークの許可を受けた社員が、実際にテレワークを行う場合は、その直前の所定労働日の終業時刻までにテレワーク勤務を申請する必要がある。

6．会社は、業務上その他の事由により、第5項の申請があった日にテレワークで勤務することが不適当と判断した場合は、通常勤務を命じることができる。

（テレワーク時の服務規律）

第5条　テレワークで勤務する者（以下「テレワーク勤務者」という）は就業規則第3章第1節の服務規律及びセキュリティガイドラインに定めるもののほか、次に定める事項を遵守しなければならない。

①　会社の情報及び書類並びに作成した成果物等を第三者が閲覧、写真撮影、コピー等しないよう最大の注意を払うこと。また、オンライン会議、通話に際しては、その内容が第三者をとおして外部に漏れることのないよう最大の注意を払うこと。なお、この規定において社員の家族も第三者とみなす。

②　公衆無線LANスポットなど漏えいリスクの高いネットワークへ接続しないこと。

③　勤務中は業務に専念すること。

④　第1号に定める情報、書類及び成果物は紛失、毀損しないように丁寧に取り扱い、セキュリティガイドラインに準じた確実な方法で保管・管理すること。

⑤　テレワーク勤務中は、会社が指定した場所以外で業務を行わないこと。

第3章　テレワーク時の労働時間等

（テレワーク時の労働時間）

第6条　テレワーク時の労働時間は、就業規則第43条のとおりとする。ただし、専門業務型裁量労働制の対象社員は、就業規則第45条のとおりとする。また、個別の契約により、別途定める場合は当該契約を優先する。

2．第1項にかかわらず、特別な事情があり会社が認めた場合は、始業時刻、終業時刻、休憩時間の変更をすることができる。

3．テレワーク時に会社の許可を得て中抜けした場合は、その時間分終業時刻を繰り下げることを原則とする。

4．午前中に在宅勤務し、午後から出社又はサテライトオフィス勤務する場合など就業場所を移動する必要があるときは、その時間については、原則として休憩時間として扱う。この場合、社員は移動時間について自由に利用することができる。

5．第1項にかかわらず、会社の具体的な指揮監督が及ばず、以下のすべての条件を満たす日については、就業規則第51条に定める事業場外労働におけるみなし労働時間制の対象とする。

① 情報通信機器が、会社の指示により常時通信可能な状態におくこととされていないこと。

ただし、次のいずれかに該当する場合は、本号の条件を満たすものとする。

⑴ 勤務時間中に、社員が自分の意思で通信回線自体を切断することができる場合

⑵ 勤務時間中は通信回線自体の切断はできず、会社の指示は情報通信機器を用いて行われるが、社員が情報通信機器から自分の意思で離れることができ、応答のタイミングを社員自身で判断することができる場合

② 随時会社の具体的な指示に基づいて業務を行っていないこと。

ただし、次の場合は、本号の条件を満たすものとする。

⑴ 会社の指示が、業務の目的、目標、期限等の基本的事項にとどまり、一日のスケジュール（作業内容とそれを行う時間等）をあらかじめ決めるなど作業量や作業の時期、方法等を具体的に特定するものではない場合

（休憩時間）
第7条 テレワーク時の休憩時間については、就業規則第43条のとおりとする。

（休日）
第8条 テレワーク時の休日については、就業規則第46条のとおりとする。

（時間外労働・休日労働・深夜労働）
第9条 テレワーク勤務者は、原則として時間外労働、休日労働又は深夜労働（以下、「時間外労働等」という）を認めない。ただし、会社は、業務の都合により時間外労働等を命じることがある。

2．時間外労働等について必要な事項は、就業規則第48条のとおりとする。

（欠勤等）
第10条　テレワーク勤務者が、欠勤する場合又は始業時刻に業務が始められない場合及び終業時刻前に業務を終了する場合並びに、私用により勤務を一部中断する場合は、事前に会社に申し出て許可を受けなければならない。ただし、やむを得ない事情で事前に申し出ることができなかった場合は、事後速やかに届け出なければならない。

2．第1項の規定にかかわらず、専門業務型裁量労働制の対象者及び事業場外労働におけるみなし労働時間制の対象者の欠勤時以外については、この限りではない。

3．第1項の始業時刻に業務が始められない場合は、通常勤務時における遅刻の扱いとし、終業時刻前に業務を終了する場合は、通常勤務時の早退の扱いとする。

4．欠勤等があった場合の給与については、賃金規程の取扱いによるものとする。

第4章　テレワーク勤務時の勤務等

（テレワーク時の始業・終業・休憩・離席報告）
第11条　テレワーク勤務者は、会社指定のコミュニケーションツール・勤怠管理ツールにて始業・終業・休憩の開始及び終了並びに離席の報告をしなければならない。ただし、専門業務型裁量労働制の対象者又は事業場外労働におけるみなし労働時間制の対象者については、詳細な報告は要さない。

（業務報告）
第12条　テレワーク勤務者は、始業時に業務計画を報告し、終業時に業務結果を報告しなければならない。ただし、専門業務型裁量労働制の対象者又は事業場外労働におけるみなし労働時間制の対象者については、日々において詳細な報告は要さない。

（テレワーク勤務時の連絡体制）
第13条　テレワーク時における連絡体制は次のとおりとする。
　①　事故・トラブル発生時には直ちに会社に連絡すること。
　②　緊急連絡事項が生じた場合に速やかに連絡が取れる方法をあらかじめ会社に伝えておくこと。
　③　テレワーク中に情報通信機器に不具合が生じた場合は、会社に連絡し指示を受けること。なお、緊急を要するときは、会社と契約しているサポート会社へ連絡し、事後に速やかに会社に報告すること。
　④　個人宛郵送物、社内報、部署内回覧物等は、あらかじめランク付けされた重要度に応じて処理し、緊急性のないものは個人メール箱に入れること。また、重要かつ緊急性が高いと思われるものは、電子メール、電話等、そのと

きの状況、重要度合いを勘案し適切な方法で直接本人に連絡すること。

第5章　その他

（テレワーク時の賃金）
第14条　テレワーク時の賃金については、賃金規程によるものとする。

（テレワーク手当）
第15条　会社は、テレワーク環境整備費用や通信費、光熱費等の補助を目的として、テレワーク手当を支給する。
２．テレワーク手当の支給対象者は、第3条のテレワーク勤務対象者であり、かつ会社が定める基準以上のインターネット環境が自宅に整っている社員とする。
３．第2項の規定にかかわらず、実際にテレワークした日数が1つの賃金計算期間における所定労働日数の3分の1に満たない場合は、その賃金計算期間においてはテレワーク手当は支給しない。

（費用の負担）
第16条　会社が貸与するパソコン等の情報通信機器及び必要な周辺機器に利用料金が発生する場合、その費用は会社負担とする。
２．業務に必要な郵送費、事務用品費、消耗品費その他会社が認めた費用は会社負担とする。
３．その他の費用についてはテレワーク勤務者の負担とする。

（情報通信機器・ソフトウェア等の貸与等）
第17条　会社は、テレワーク勤務者が業務に必要とするパソコン等の情報通信機器、ソフトウェア及びこれらに類する物を貸与する。なお、当該パソコンに会社の許可を受けずにソフトウェアをインストールしてはならない。
２．会社は、セキュリティガイドラインを満たしたテレワーク勤務者本人が所有する機器を業務に利用させることができる。その場合の費用については話し合いの上決定するものとする。

（教育訓練）
第18条　会社は、テレワーク勤務者に対して、業務に必要な知識、技能を高め、資質の向上を図るため、必要な教育訓練を行う。
２．テレワーク勤務者は、会社から教育訓練を受講するよう指示された場合には、特段の事情がない限り指示された教育訓練を受けなければならない。

（災害補償）
第19条　テレワーク時の災害補償については、就業規則第67条のとおりとする。

附　　則

1．この規程は　　年　　月　　日より施行する。

2．この規程内における、会社への報告、申請、申出等は原則として所属長を経由して行うものとする。ただし、緊急性を要するものは、所属長の上長に行うものとする。

１年単位の変形労働時間制に関する労使協定

　株式会社ABCと社員の過半数代表者とは、１年単位の変形労働時間制に関し、次のとおり協定する。

（勤務時間）
第１条　所定労働時間は、１年単位の変形労働時間制によるものとし、１年間を平均して週40時間を超えないものとする。
２．対象期間の起算日は●月●日とし、対象期間における労働日及び労働日ごとの始業・終業時刻及び休憩時間は、次の３つのパターンの中から個別の契約によるものとする。
　　　　パターン１始業時刻　　　　時　　　分　　　終業時刻　　　時　　　分
　　　　　　　　　　　　　　　　　（休憩　　　時　　　分〜　　　時　　　分）
　　　　パターン２始業時刻　　　　時　　　分　　　終業時刻　　　時　　　分
　　　　　　　　　　　　　　　　　（休憩　　　時　　　分〜　　　時　　　分）
　　　　パターン３始業時刻　　　　時　　　分　　　終業時刻　　　時　　　分
　　　　　　　　　　　　　　　　　（休憩　　　時　　　分〜　　　時　　　分）

（起算日）
第２条　対象期間の起算日を●月●日とし、起算日から１か月ごとの区分期間を設ける。

（対象期間の区分）
第３条　対象期間の最初の区分期間における労働日、その労働日ごとの労働時間及び始業・終業・休憩時間並びに休日は別紙表のとおりとする。
２．第２期間以降の各月については、各期間初日の30日前までにシフト表を作成し、社員の過半数代表者の同意を得るものとし、その後、社員に周知する。
３．第２期間以降の各月の所定労働日数と所定労働時間数は次の表のとおりとする。

月	所定労働日数	所定労働時間	月	所定労働日数	所定労働時間
２月度	22日	176時間	８月度	23日	184時間
３月度	22日	176時間	９月度	22日	176時間
４月度	21日	168時間	10月度	23日	184時間
５月度	22日	176時間	11月度	21日	168時間
６月度	19日	152時間	12月度	20日	160時間
７月度	22日	176時間			

（休日の振替）

第4条　会社は業務の都合上やむを得ない事由がある場合は、あらかじめ定めた休日を他の労働日と振り替えることができる。

（適用対象者）

第5条　本協定による変形労働時間制は、次のいずれかに該当する社員を除き、全社員に適用する。

① 18歳未満の年少者

② 妊娠中又は産後1年を経過しない社員のうち、本制度の適用免除を申し出た者

③ 育児や介護を行う社員で本制度の適用免除を申請した者

（特定期間）

第6条　特定期間は定めないものとする。

（有効期間）

第7条　本協定の有効期間は起算日から1年間とする。

　　　　　年　　　月　　　日

株式会社ABC

代表取締役　　　●●●●　印

過半数代表者　　●●●●　印

※本書で提供している規程例は、ご利用される方のご判断・責任においてご利用ください。

フレックスタイム制に関する労使協定

株式会社ABCと社員の過半数代表者とは、フレックスタイム制に関し、次のとおり協定する。

(適用対象者)
第1条　フレックスタイム制の適用対象者は、次の者を除く全社員とする
　① 　管理監督者
　② 　○○部の社員
　③ 　事業場外のみなし労働時間制及び裁量労働制の適用を受けて働く社員
　④ 　その他フレックスタイム制の適用が適切ではないと会社が判断した社員

(清算期間)
第2条　労働時間の清算期間は、毎月●日から●までの1か月とする。

(総労働時間)
第3条　清算期間における総労働時間は、1日8時間に当該清算期間における所定労働日数を乗じて得られる時間とする。

(1日の標準時間)
第4条　1日の標準労働時間は8時間とする。

(コアタイム)
第5条　社員が必ず勤務しなければならない時間は、以下のとおりとする。
　●時●●分から●時●●分

┃会議日だけ時間を変える例┃
社員が必ず勤務しなければならない時間は、以下のとおりとする。
　●時●●分から●時●●分
ただし、毎週●曜日については、以下のとおりとする。
　●時●●分から●時●●分

┃在宅勤務と出社日で変える例┃
社員が必ず勤務しなければならない時間は、以下のとおりとする。
　●時●●分から●時●●分
ただし、在宅勤務日については、以下のとおりとする。
　●時●●分から●時●●分

（フレキシブルタイム）

第6条　始業時刻につき社員の自主的決定に委ねる時間は、以下のとおりとする。

　　●時●●分から●時●●分まで

終業時刻につき社員の自主的決定に委ねる時間は、以下のとおりとする。

　　●時●●分から●時●●分まで

会議日だけ時間を変える例

第6条　始業時刻につき社員の自主的決定に委ねる時間は、以下のとおりとする。

　　●時●●分から●時●●分まで

終業時刻につき社員の自主的決定に委ねる時間は、以下のとおりとする。

　　●時●●分から●時●●分まで

2　第1項にかかわらず、毎週●曜日の始業時刻につき社員の自主決定に委ねる時間は、以下のとおりとする。

　　●時●●分から●時●●分まで

毎週●曜日の終業時刻につき社員の自主的決定に委ねる時間は、以下のとおりとする。

　　●時●●分から●時●●分まで

在宅勤務日だけ時間を変える例

第6条　始業時刻につき社員の自主的決定に委ねる時間は、以下のとおりとする。

　　●時●●分から●時●●分まで

終業時刻につき社員の自主的決定に委ねる時間は、以下のとおりとする。

　　●時●●分から●時●●分まで

2．第1項にかかわらず、在宅勤務日の始業時刻につき社員の自主決定に委ねる時間は、以下のとおりとする。

　　●時●●分から●時●●分まで

在宅勤務日の終業時刻につき社員の自主的決定に委ねる時間は、以下のとおりとする。

　　●時●●分から●時●●分まで

（労働時間の過不足の取扱い）

第7条　フレックスタイム制の対象となる社員が、清算期間における法定労働時間を超えて労働した場合は、時間外割増賃金を支払う。

　　また、実労働時間が、清算期間における総労働時間に不足した場合は、不足した時間を次の清算期間に法定労働時間の範囲内で繰り越す。

（休日出勤）

第8条　フレックスタイム制の社員に休日出勤を命じた場合は、その日についてはフレックスタイム制を適用せず、実労働時間に対して休日勤務手当を支給す

る。

（遅刻・早退）
第9条　社員がコアタイムの全部又は一部に勤務しなかった場合は、清算期間における実労働時間が第3条で定めた総労働時間に達している限りにおいては、賃金控除しない。ただし、この場合であっても、昇進、昇格、昇給及び賞与の決定要素として考慮する。又、懲戒処分の対象とする場合がある。

（年次有給休暇・特別休暇の取扱い）
第10条　年次有給休暇及び有給の特別休暇を取得した日については、第4条の1日の標準時間の勤務をしたものとみなす。

（フレックスタイム制の解除）
第11条　会社は、フレックスタイム制が適用されている全部又は一部の社員に対して、業務の都合又は本人の勤務態度並びに勤務成績により、本協定で定めるフレックスタイム制の適用を解除し、就業規則第●条で定める通常の勤務を命じることができる。

（有効期限）
第12条　この協定の有効期間は　　　年　　　月　　　日までとする。
　　ただし、有効期間満了の1か月前までに、会社、従業員の過半数を代表する者のいずれからも申出がない場合は、自動更新し、その後も同様とする。

　　　　　年　　　月　　　日
株式会社ABC
代表取締役　　●●●●　印
過半数代表者　●●●●　印

※本書で提供している規程例は、ご利用される方のご判断・責任においてご利用ください。

専門業務型裁量労働制に関する労使協定

　株式会社ABCと社員の過半数代表者とは、専門業務型裁量労働制に関して次のとおり協定する。

（適用対象者）
第1条　以下の業務に従事する社員を専門業務型裁量労働制（以下「裁量労働制」という）の適用対象者とする。
　①　広告等のグラフィックデザイン業務につく者
　②　・・・・・・・・・・・・・・・・・・・・・

（裁量労働制の原則）
第2条　裁量労働適用者の始業・終業並びに休憩時間は、就業規則第●条で定めた一般の社員の所定終業時刻を基本とするが、会社は業務遂行手段及び時間配分の決定について具体的な指示はせず、当該対象者本人の裁量に委ねるものとする。ただし、基本的な業務内容、職場秩序及び会社管理上必要な指示、業務上の連絡調整又は自己の業務遂行状況の報告、その他非常事態又は緊急性を要す指示等についてはこの限りではない。

（1日のみなし労働時間）
第3条　裁量労働適用者が所定労働日に勤務した場合は、1日8時間勤務したものとみなす。

（休日労働及び深夜労働）
第4条　裁量労働適用者が、休日又は深夜の時間帯（午後10時から午前5時までの間）に勤務しようとするときは、あらかじめ所属長の許可を受けなければならない。
2．裁量労働従事者が、前項によって許可を受けて休日又は深夜の時間帯に勤務したときは、その日については、実労働時間に応じて、休日勤務手当若しくは深夜勤務手当を賃金規程の定めるところによって支払う。

（対象社員の健康と福祉の確保）
第5条　裁量労働適用者の健康と福祉を確保するために、会社は、以下の各号に定める措置を講ずるものとする。
　①健康状態を把握するために次の措置を実施する。
　　ア　在社時間を把握する
　　イ　2か月に一度、裁量労働適用者に対し、健康状態についてのヒアリング
　②　会社は、前号の結果を産業医に報告するものとし、必要と認めるときには、

次の措置を実施する。
　ア　定期健康診断とは別の特別健康診断の実施
　イ　特別休暇を付与
③　精神・身体両面の健康についての相談窓口を人事部内におく。

（裁量労働制適用中止）

第6条　会社は、裁量労働制を適用することが適切でないと判断した場合は、当該社員に対して、裁量労働制の適用を中止することができる。

（対象社員の苦情の処理）

第7条　裁量労働制適用者から苦情等があった場合には、以下の各号に定める手続きに従い、対応するものとする。
①　裁量労働相談室を次のとおり開設する。
　ア　場所　　　人事部
　イ　開設日時　所定労働日の所定労働時間内において随時
　ウ　相談担当　人事部長
②　取り扱う苦情の範囲は次のとおりとする。
　　裁量労働制の運用に関する全般の事項、裁量労働適用者に適用されている評価制度、賃金制度等の処遇全般
③　相談者の秘密を厳守し、プライバシーの保護に努める。

（記録の保存）

第8条　第5条及び第7条の規定をもとに講じた措置の内容を対象社員ごとに記録し、当該記録を本協定の有効期間中及び有効期間満了後3年間保存するものとする。

（有効期間）

第9条　本協定の有効期間は　　　年　　　月　　　日から　　　年　　　月　　　日までの3年間とする。

　　　　年　　　月　　　日
株式会社ABC
代表取締役　　●●●●　印
過半数代表者　●●●●　印

※本書で提供している規程例は、ご利用される方のご判断・責任においてご利用ください。

おわりに

　私は、社会保険労務士の仕事を始めた当初から就業規則に興味を持っていました。それは、会社員時代の経験が大きく影響しています。

　25歳の頃の話です。小さな店舗の責任者をしていた私は、店舗をマネジメントし、現地社員の採用に携わっていました。

　そんなことから、就業規則を目にする機会がよくありました。

　最近は就業規則の中身を確認するということは当たり前の時代になっています。しかし、20年以上前は、就業規則に興味を持つ人は、人事部や労働組合など一部の人でした。一般の従業員でその中身を気にする人は、変わった目で見られるような時代でした。

　私も責任者になり、はじめて就業規則を確認したのですが、はじめは何が書いてあるのかよくわかりませんでした。また、内容が現場と乖離していて、お飾りとしてあるように思えたのです。事実、会社もそのつもりで、とりあえず作成し、店舗においていたのだと思います。

　それから3年後、社会保険労務士になりました。

　仕事として就業規則に携わるようになったとき、ふと思ったことがありました。

　それは、**就業規則だって経営上必要とされた書類である。**

　とすれば、扱う人の考え方、工夫の仕方で会社経営にもっと役立つものにできるはずだ。さらに突っ込めば、会社業績に関係する書類につくり上げることができるはずだ。そう思ったのです。

　そうして、自分なりに工夫して就業規則の考え方をまとめ、『なぜ、就業規則を変えると会社は儲かるのか？』という本を書きました。

　当時斬新だった考え方が、多くの人に受け入れられました。その後、社会保険労務士や弁護士が執筆した書籍に私の考えが取り入れられていることを知ったときは、嬉しくも思いました。

さらに時代は変化してきました。

　20年近く前に比べ、従業員の方々が、自分の権利を主張するようになってきたことです。中には度を超えていて「それは単なるわがままだろう」という事案にも多く遭遇するようになってきました。必然的にそれに対応する就業規則がつくられるようになりました。

　一方で、より「自律的」で、より「利他的」で、より「大きな目的のために働く」人も増えたように感じます。

　自分の権利の主張だけでなく、建設的に問題を捉え、最適解を導くように考え、周囲と協力して行動していく人たちです。

　このような人が多い組織が、業種や規模、社歴を問わず確実に増えてきています。トラブル防止を全面に出す必要がない組織です。

　法律のために就業規則をつくるのではなく、労使間の信頼関係を醸成し、パートナーシップを構築するための就業規則を必要としている企業といってもいいかもしれません。

　そんな時代に就業規則の本を見てみると、前者に対応する書籍はたくさん出ていますが、後者のような組織に向けた本はあまり見当たらないのが現状です。

　この本では、トラブル防止を全面に出す必要がない企業の就業規則のあり方と考え方を示してみました。

　本書がきっかけで　就業規則に関する考え方がさらに多様化し、その結果、働く人がより幸せになる社会が実現できたら嬉しく思います。

　最後に、執筆過程で多くの貴重な意見をいただいた社会保険労務士の安田広美さん、ドリームサポート社会保険労務士法人の安中繁さん、守屋志保さんにお礼を申し上げたいと思います。

　ありがとうございました。皆さんのおかげで内容をブラッシュアップさせることができました。

　また、企画の段階からアイデア出しにお付き合いくださり、最後までサポートいただいた日本実業出版社の佐藤美玲さんにも心より感謝申し上げます。

下田直人（しもだ　なおと）

株式会社エスパシオ代表取締役。ドリームサポート社会保険労務士法人役員。特定社会保険労務士。原田メソッド認定パートナー。ビジネスコーチ。
1974年生まれ。2002年社会保険労務士として開業。2005年『なぜ、就業規則を変えると会社は儲かるのか？』を出版し、就業規則に対する中小企業、社会保険労務士の概念を変える。以来、「就業規則の神様」と呼ばれ、全国にクライアントを持つとともに、「社労士に頼られる社労士」として専門家への指導も行う。
公式ホームページ　https://shimodanaoto.com/

新標準の就業規則
多様化に対応した〈戦略的〉社内ルールのつくり方

2021年7月1日　初版発行
2021年12月10日　第2刷発行

著　者　下田直人　©N.Shimoda 2021
発行者　杉本淳一

発行所　株式会社日本実業出版社　東京都新宿区市谷本村町3-29 〒162-0845

編集部　☎03-3268-5651
営業部　☎03-3268-5161　振　替　00170-1-25349
https://www.njg.co.jp/

印刷／厚徳社　製本／若林製本

ISBN 978-4-534-05854-6　Printed in JAPAN